O ORDENAMENTO DO TERRITÓRIO
FACE AOS DESAFIOS
DA COMPETITIVIDADE

TÍTULO:	O ORDENAMENTO DO TERRITÓRIO FACE AOS DESAFIOS DA COMPETITIVIDADE
AUTOR:	MANUEL PORTO
EDITOR:	LIVRARIA ALMEDINA – COIMBRA
DISTRIBUIDORES:	LIVRARIA ALMEDINA ARCO DE ALMEDINA, 15 TELEF. (039) 26980 FAX (039) 22507 3000 COIMBRA – PORTUGAL LIVRARIA ALMEDINA – PORTO R. DE CEUTA, 79 TELEF. (02) 319783 4050 PORTO – PORTUGAL EDIÇÕES GLOBO, LDA. R. S. FILIPE NERY, 37-A (AO RATO) TELEF. (01) 3857619 1250 LISBOA – PORTUGAL
EXECUÇÃO GRÁFICA:	G.C. – GRÁFICA DE COIMBRA, LDA.
TIRAGEM:	1 500 EX.
DEPÓSITO LEGAL:	100304/96

MANUEL PORTO

Professor da Faculdade de Direito da Universidade de Coimbra

O ORDENAMENTO DO TERRITÓRIO FACE AOS DESAFIOS DA COMPETITIVIDADE

LIVRARIA ALMEDINA
COIMBRA – 1996

Texto actualizado, em Maio de 1996, da comunicação apresentada no Seminário *Dinamismos Sócio--Económicos e (Re)Organização Territorial: Processos de Urbanização e de Reestruturação Produtiva*, organizado pelo Instituto de Estudos Geográficos da Faculdade de Letras da Universidade de Coimbra nos dias 30-31 de Março 1995.

Índice

1. Introdução 5

2. Uma preocupação à escala europeia 5

3. Evolução e sentido do ordenamento do território em Portugal 7
    3.1. A acentuação dos desequilíbrios 7
    3.2. A eventual especificidade do caso português. As condições
          particularmente favoráveis aqui existentes 11

4. As políticas a seguir 21
    4.1. Uma cobertura equilibrada do território e a
          articulação dos vários modos de transporte 21
    4.2. A tarificação única nas telecomunicações 27
    4.3. O estabelecimento de legislação de âmbito nacional e
          a aplicação de critérios iguais para todo o país 30
    4.4. A desconcentração de serviços e a descentralização 39
        a) A desconcentração 39
        b) A descentralização 42
    4.5. A desburocratização 44
    4.6. Um sistema de incentivos ao desenvolvimento
          promotor de um maior equilíbrio 45
    4.7. Uma política de investimentos públicos
          promotora de um maior equilíbrio 47
    4.8. Uma preocupação regional maior na
          aplicação dos fundos estruturais 50
        a) O I Quadro Comunitário de Apoio (1988-93) 50
        b) O II Quadro Comunitário de Apoio (1994-99) 55

5. Conclusões 59

Quadros Anexos 65

1. Introdução

O ordenamento do território assume um grande relevo a diferentes propósitos, sendo desde logo um ordenamento correcto indispensável à boa qualidade de vida dos cidadãos.

Aqui vamos considerar todavia apenas a importância do ordenamento para a competitividade das economias, face aos desafios crescentes a que têm de dar resposta: muito especialmente considerar a importância de um melhor ordenamento para a competitividade da economia portuguesa.

Teremos por isso em conta fundamentalmente a problemática do equilíbrio regional [1], não aspectos mais particularizados, alguns já da área do urbanismo [2]: tendo todavia presente a ligação íntima entre esses planos, sendo o ordenamento favorecido com a existência de centros bem organizados e podendo a política urbana ser melhor sucedida em cidades de pequena e média dimensão [3].

2. Uma preocupação à escala europeia

A preocupação em análise não é apenas uma preocupação nacional, de Portugal e de cada um dos demais países membros. A Europa no seu conjunto é chamada hoje, e sê-lo-á cada vez mais, a competir com espaços muito difíceis, nuns casos como consequência do seu avanço tecnológico e empresarial (exemplos dos Estados Unidos e do Japão) e em outros como consequência de disporem de uma mão-de--obra muito mais barata do que a nossa.

Trata-se de concorrência a que não pode fugir-se – no nosso próprio interesse – vindo na sequência dos passos de liberalização que vão sendo dados, em iniciativas unilaterais, bilateralmente ou multilateralmente no seio da nova Organização Mundial do Comércio.

---

(1) Que está aliás na base da problemática do ordenamento do território, visando "uma repartição geográfica mais racional das actividades económicas" (sobre este e outros objectivos da política de ordenamento, designadamente o "restabelecimento dos equilíbrios desfeitos entre a capital e a província, entre o litoral e o interior, entre regiões desenvolvidas e regiões subdesenvolvidas ou em vias de desenvolvimento", a "descentralização geográfica da localização dos serviços públicos e das indústrias", a "preservação das orlas marítimas, dos solos agrícolas e das zonas florestais", a "criação de novas cidades ou de pólos de crescimento industrial e urbano" – – "metrópoles de equilíbrio" – e a "travagem da expansão desmesurada das grandes cidades", bem como "a resolução dos problemas de articulação entre estas e os respectivos núcleos urbanos por elas satelizados", ver Amaral, 1994, pp. 13-4).
(2) Sobre a distinção entre estas áreas ver de novo Amaral (loc. cit.) e Correia (1989, pp. 64-74).
(3) Ver por exemplo Armstrong (1994, p. 350).

Face a este desafio dificílimo poderia julgar-se talvez que deveria haver uma concentração de esforços nas zonas mais prósperas da União, na Alemanha e em alguns dos seus vizinhos, onde seria mais fácil (ou mesmo só aí possível) dar-lhe a resposta adequada.

Assim seria se houvesse um *trade-off* entre maior crescimento e maior equilíbrio, devendo sacrificar-se este último para maximizar o primeiro [4]. Por outras palavras, face aos desafios mundiais a estratégia correcta da União Europeia não seria promover um maior equilíbrio regional (entre os países e as regiões) mas sim, com o sacrifício deste, afectar todos os recursos possíveis aos países e às regiões já hoje melhor apetrechados. Havendo aqui uma produtividade mais elevada dos factores, designadamente do trabalho, seria do interesse de todos promover mesmo (minimizando os custos de deslocação e adaptação) a emigração dos habitantes dos países menos eficazes: privilegiando-se, pois, a *people's prosperity* em relação à *place's prosperity* [5].

Como se sabe não é felizmente esta a ideia dos responsáveis da União Europeia, onde tem vindo a ser seguida uma política de aproximação entre os países e as regiões. Trata-se sem dúvida de política determinada também por razões políticas e sociais, sendo grandes e inaceitáveis os custos dos desequilíbrios existentes e das referidas deslocações de trabalhadores. Mas é reconhecido que a promoção de um maior desenvolvimento regional constitui por si mesma um factor de desenvolvimento geral, evitando-se as deseconomias das grandes concentrações e conseguindo-se um melhor aproveitamento de todos os recursos disponíveis (dos recursos

---

(4) Seria um *trade-off* representado pela 'curva' a tracejado (de inclinação negativa) da figura seguinte (cfr. Porto, 1993):

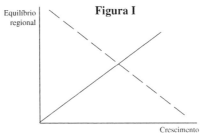

A prossecução de um maior equilíbrio (medido no eixo vertical) comprometeria a taxa de crescimento (medida no eixo horizontal), o qual por seu turno só seria conseguido na medida desejável à custa de maiores disparidades regionais (v.g. entre os países).

Mas, conforme se diz a seguir no texto, a situação real é antes representável por uma 'curva' como a que está a cheio, sendo um maior equilíbrio condição de um melhor aproveitamento geral dos recursos (e em boa medida tendo correspondido na União a um maior crescimento uma aproximação maior entre os países).

(5) Na distinção de Winnick (1966).

naturais à iniciativa empresarial) [6]. Um exemplo bem recente é o da promoção dos novos *länder* da República Federal da Alemanha, com um impacto favorável (através do acréscimo da procura) nos demais *länder* e nos outros países europeus.

Não há pois o *trade-off* referido, contribuindo pelo contrário um maior equilíbrio para um maior desenvolvimento do conjunto, assim se explicando a dimensão crescente do apoio que a União tem vindo a proporcionar (em 1999 os fundos estruturais representarão 35,7% do Orçamento da União, depois de em 1988 terem representado 17,5% e em 1993 30,8%).

Para este relevo crescente tem contribuído, compreensivelmente, a constatação do êxito que tem vindo a ser conseguido na aproximação entre os países, tendo o conjunto dos quatro países menos desenvolvidos (Grécia, Portugal, Espanha e Irlanda), apesar do afastamento da Grécia, tido uma aproximação sensível em relação à média comunitária: passando o seu PIB *per capita* de 61,6 em 1986 para 72,3% em 1995 (tendo Portugal passado de 53,9 para 67,9% da média referida).

3. Evolução e sentido do ordenamento do território em Portugal

3.1. A acentuação dos desequilíbrios

Procurando ver se uma aproximação semelhante tem vindo a verificar-se no seio do nosso país entramos numa análise delicada, por serem contraditórios os dados fornecidos pela Direcção Geral do Desenvolvimento Regional (DGDR) e pelo Instituto Nacional de Estatística (INE) (seguidos pela Comissão Europeia).

De acordo com os primeiros ter-se-ia verificado uma diminuição do desequilíbrio, tanto ao nível das NUT's II como das NUT's III [7], podendo ver-se na figura seguinte (Figura II, cfr. os valores no Quadro A-1, em Anexo) a aproximação entre as NUT's II [8] (com a aproximação à média da Região de Lisboa e Vale do Tejo; o mesmo não acontecendo de qualquer modo, entre 1986 e 1991, com a Região Centro e com as Regiões insulares, bem como, tal como seria de esperar e importa referir, com algumas das NUT's III).

---

(6) Podem apontar-se ainda os melhores resultados conseguidos na criação de emprego e na estabilidade dos preços com um maior equilíbrio regional (ver por exemplo Martin, 1992, Armstrong, Taylor e Williams, 1994, p. 175 e de novo Amstrong, loc. cit.).

(7) Sendo o conjunto de cada país uma unidade estatística de nível I (NUT I), Portugal está por seu turno dividido em 7 NUT's II (além dos Açores e da Madeira cinco no continente, correspondendo às áreas de actuação das Comissões de Coordenação Regionais) e em 28 NUT's III (agrupando entre 3 e 7 municípios do continente).

(8) Teria havido em geral aproximação também de acordo com um índice sintético apurado pela mesma entidade (DGDR), considerando elementos de desempenho económico e factores

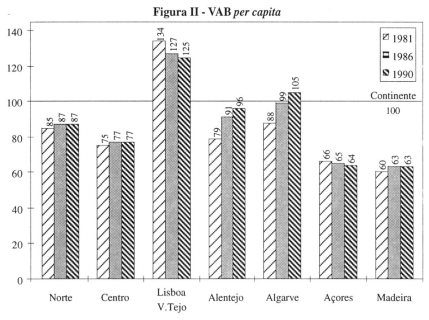

São todavia muito diferentes os dados apurados pelo Instituto Nacional de Estatística (INE), revelando pelo contrário um aumento acentuado dos desequilíbrios, de acordo com a próxima figura (Figura III, cfr. os números no Quadro A-2), neste caso relacionando os valores com a média comunitária.

Reconhece-se aqui um grande afastamento entre as regiões continentais portuguesas (não dispusemos dos dados correspondentes para as regiões autónomas), com uma aproximação clara das Regiões de Lisboa e Vale do Tejo e do Norte em relação à média comunitária (tendo a primeira chegado já em 1991 a 82% dessa média) e também alguma aproximação da Região do Algarve, mas a manutenção da posição relativa da Região Centro (com pouco mais de metade da capitação da

estruturais, conforme pode ver-se no Quadro I:

Quadro I - Índice de Desempenho Económico, de Factores Estruturais e Sintético

	Desempenho Económico			Factores Estruturais			Índice Sintético		
	1981	1986	1991	1981	1986	1991	1981	1986	1991
Continente	100	100	100	100	100	100	100	100	100
Região Norte	89	90	89	92	94	93	91	92	91
Região Centro	83	85	86	93	95	97	88	90	91
Reg. L.V. Tejo	125	121	123	120	117	117	123	119	120
Região Alentejo	80	90	·89	76	83	78	78	86	83
Região Algarve	96	102	108	84	92	90	90	97	99
Reg. Aut. Açores	76	76	76	84	82	82	80	79	83
Reg. Aut. Madeira	70	75	72	83	87	92	76	81	82

Região de Lisboa) e uma acentuada perda de posição do Alentejo (de mais de 70% para cerca de 44% desta capitação)[9].

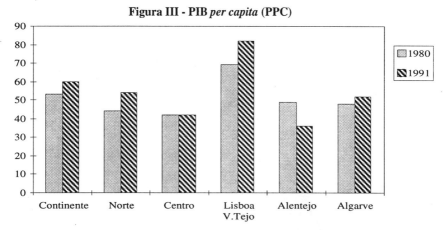

Figura III - PIB *per capita* (PPC)

Em qualquer dos casos trata-se de capitações, obviamente influenciadas pelos movimentos de população, sendo 'favorecida' a 'estatística' de uma região que vá ficando desertificada. Não deixam contudo os dados do INE (e da Comissão Europeia), apesar da perda de população precisamente das Regiões Centro e do Alentejo e do ganho das demais, de evidenciar uma acentuação clara dos desequilíbrios por habitante.

Acima de quaisquer outros serão aliás os movimentos globais da população os indicadores mais fiáveis das condições reais de bem-estar e das expectativas dos cidadãos, sendo de esperar que, ainda que se mantenham diferenças absolutas de valores, haja abrandamento nas emigrações se forem maiores as taxas de crescimento nas zonas de origem (tem sido esta a experiência portuguesa com a emigração para o estrangeiro).

Se assim tivesse acontecido não se tinham verificado certamente os movimentos reflectidos no Mapa I e no Quadro II, de novo com dados das NUT's II, mostrando a referida perda de posição das Regiões Centro e do Alentejo em benefício das Regiões do Algarve, de Lisboa e Vale do Tejo e do Norte (designadamente das áreas metropolitanas).

A nível das NUT's III, evidenciando uma outra vertente importante – mesmo a mais importante – dos desequilíbrios espaciais no nosso país, entre o interior e o litoral, foram especialmente sensíveis as quebras do Pinhal Interior Sul (-16,1%), de Trás-os-Montes (-13,7%), do Baixo Alentejo (-10,0%), da Beira Interior Norte

---

(9) Um relatório recente da Comissão Europeia (1995) distingue as Regiões Norte e de Lisboa, *'converging regions'*, das demais, com *'mixed evidence'* (cfr. Parlamento Europeu, 1996, pp. 4-5). Mais recentemente, de 1988 para 1992, com o crescimento de Lisboa o aumento do desvio-padrão entre as regiões portuguesas, 20,5 para 26,5, foi maior do que o verificado em qualquer outro país da União.

Mapa I - Variação da População (1981-91)

%
21,7 31,1
10,2 18,8
0,1   9,8
-9,9 -0,1
-19,8 -10,2
-33,2 -20,3

Continente = 0,4

Quadro II - População residente: variação 1981/91

Região Norte	+1,2
Região Centro	-2,4
Região Lisboa e Vale do Tejo	+1,4
Região Alentejo	-6,4
Região Algarve	+5,1
Área Metropolitana do Porto	+6,5
Área Metropolitana de Lisboa	+1,3
Continente	+0,4
Açores	-2,3
Madeira	+0,2
Portugal	+0,3

(-8,3%), do Pinhal Interior Norte (-8,3%) e do Douro (-8,7%), tendo-se verificado pelo contrário o maior aumento na Península de Setúbal (+9,6%), seguindo-se o Cavado (+7,4%), Entre Douro e Vouga (+6,5%), Ave (+6,5%), Algarve (+5,5%) e Grande Porto (+4,5%): cavando-se pois, nos termos ilustrados pelo Mapa, o fosso entre o interior e algumas áreas do litoral.

3.2. A eventual especificidade do caso português.
As condições particularmente favoráveis aqui existentes

Poderá haver porventura quem argumente (com ou sem sinceridade) que o caso português é todavia um caso especial e diferente onde, dado o nosso atraso no contexto da União, deve prescindir-se da promoção de um maior equilíbrio e concentrar-se todos os esforços na área (ou nas áreas) já mais favorecidas, de Lisboa e em alguma medida do Porto: só aqui se conseguindo as economias externas e de escala indispensáveis para se concorrer com outros centros da Europa, desde logo com Madrid [10]. Verificar-se-ia em Portugal, pois, o *trade-off* entre crescimento e equilíbrio que se julga que não se verifica no conjunto europeu [11].

É conveniente começar por referir que se trata de entendimento que, sendo afirmado e concretizado, não deixará de comprometer os esforços que Portugal tem vindo a fazer no sentido da manutenção e mesmo da ampliação da política regional comunitária. Ficamos de facto numa situação de grave debilidade negocial e política face às autoridades comunitárias (bem como, o que é mais importante, face aos nossos cidadãos) invocando em Bruxelas os benefícios gerais do desenvolvimento regional para obter mais fundos para Portugal mas não os reconhecendo

---

(10) Sobre a questão idêntica que poderia pôr-se em França, neste caso com a concentração de meios em Paris para "alcançar e ultrapassar" Londres, ver Benko e Lipietz (1994).

(11) Por vezes a lógica afirmada deste modo de intervir, levando a um resultado semelhante, de favorecimento das zonas já mais favorecidas, é uma lógica de projectos, devendo optar-se pelos melhores, v.g. pelos financeiramente mais rentáveis, independentemente do local onde se situam.
Estamos assim nos antípodas de uma lógica de ordenamento, na medida em que, tendo os centros mais favorecidos a possibilidade de elaborar melhores projectos (ou que as autoridades, localizadas centralmente, julgam como tais) e exercer uma acção de *lobbying* mais eficaz, a sua concretização acaba por reforçar os desequilíbrios, com o efeito cumulativo das situações de vantagem.
Dadas as condições de desigualdade de base acabadas de referir deverão os responsáveis nacionais reforçar a capacidade técnica a nível regional, como condição para que, com um maior equilíbrio nos projectos válidos aprovados, se consiga um aproveitamento mais completo dos recursos do país; e devem os projectos ser avaliados não apenas na sua rentabilidade financeira imediata, igualmente na totalidade das suas implicações, v.g. tendo em conta, a curto e a longo prazo, todos os benefícios e custos económicos e sociais (incluindo os custos de congestionamento e ambientais).

nas nossas fronteiras, com as consequências de deixarmos aumentar as ineficiências do centralismo e não promovermos um aproveitamento mais eficiente dos recursos das várias regiões do país.

Por outras palavras, com que credibilidade pode defender-se que é mau para o todo europeu um desenvolvimento desequilibrado, favorecendo os países mais ricos em deterimento dos países da periferia, mas que já é bom para Portugal (com argumentos de eficiência....) defender prioritariamente a zona de Lisboa (ou as zonas de Lisboa e do Porto), com a acentuação dos grandes desequilíbrios já hoje existentes?

Poderá perguntar-se contudo se não haverá especificidades no caso português que apontem em tal sentido, ou seja, no sentido de não procederem entre nós os argumentos económicos no sentido de um maior equilíbrio espacial: devendo por isso promover-se mesmo a acentuação do favorecimento das regiões de Lisboa e do Porto, com o consequente afluxo crescente de populações, ficando em causa apenas cuidar de que a emigração de pessoas para essas duas áreas metropolitanas se faça nas condições mais favoráveis.

Parece-nos claro que a resposta é negativa, pelo contrário, são especialmente grandes em Portugal os custos da concentração nessas duas áreas e especialmente favoráveis as condições oferecidas para um crescimento mais equilibrado, levando a um melhor aproveitamento das potencialidades do país.

Acresce aliás que os desequilíbrios existentes não são o resultado de condições naturais, mas sim da estrutura administrativa e de políticas que têm vindo a ser seguidas (com implicações no aproveitamento dos fundos comunitários): estrutura e políticas que, sendo mudadas, permitirão simultaneamente um maior equilíbrio e um maior desenvolvimento do todo nacional.

a) Desde logo, os custos de um maior congestionamento das áreas de Lisboa e do Porto são especialmente grandes como consequência de se tratar de cidades antigas e do modo como estão implantadas, junto a rios que, pela sua largura, constituirão sempre obstáculos difíceis de transpor.

Não pode, sendo assim, estabelecer-se uma comparação simplista com a dimensão populacional de cidades como Madrid, Milão, Paris ou Londres, com menores dificuldades urbanísticas, não tendo designadamente nenhuma delas obstáculos naturais como o Rio Tejo ou o Rio Douro: que não permitem a existência de circulares completas, aliviadoras do trânsito urbano. Os rios que servem essas outras cidades podem ser atravessados por pontes de fácil execução e custo relativamente pequeno, não tendo de esperar-se vários anos pela construção de cada nova travessia.

Trata-se de qualquer modo, como é sabido, de cidades europeias com importantes ineficiências, v.g. com um património imobiliário escasso e caro, com demoras diárias de deslocação que, no seu total, representam enormes custos, com problemas de poluição dificilmente solucionáveis, etc., circunstâncias por seu turno com implicações muito negativas na qualidade de vida dos cidadãos. Ilustrando com dois ou três números na área dos transportes, podemos recordar que na região de Paris (Île-de-France) os engarrafamentos são 10% acima da média do país nas vias rápidas e 17% acima da média no conjunto da rede, que cerca de 5 biliões de horas e 1,5 biliões de litros de gasolina são perdidos por ano e que o trajecto Madalena-Bastilha a certas horas leva mais tempo a percorrer do que no início do século, com transporte a cavalo. Assim acontece subsidiando o Estado o sistema de transportes públicos com cerca de 5 biliões de francos por ano, quando não dá apoio nenhum aos transportes das demais cidades. É de referir ainda que a primeira extensão regional do metropolitano custou tanto como a auto-estrada Paris-Marselha e o periférico tanto como a auto-estrada Paris-Bordéus, sendo o investimento por habitante na região de Île-de- France 61% mais elevado do que o investimento por habitante feito na província [12].

Infelizmente são agravamentos de custos, incomodidades e distorções semelhantes aos verificados (e crescentes) em Lisboa e no Porto, onde é muito lenta a circulação nas vias e os transportes colectivos são subsidiados anualmente com mais de 12 milhões de contos, o mesmo não tendo acontecido nos últimos anos em nenhuma das demais cidades do país, mesmo nas de média dimensão [13]; constituindo por seu turno o conjunto dos investimentos em transportes nessas duas cidades, ao longo dos dois Quadros Comunitários de Apoio, incluindo circulares, eixo norte-sul em Lisboa, pontes e infraestruturas ferroviárias [14] e de metropolitano

---

(12) Cfr. Monod e Castelbajac (1994, p. 7).
 Das consequências sociais da concentração da população em Paris, não obstante os cidadãos terem o PIB *per capita* mais elevado da França (e o terceiro da União Europeia), será sintomática, a par de outros indicadores, a percentagem de crimes aí praticados (loc. cit. p. 12, onde são referidos igualmente dados sociais dos Estado Unidos da América, em especial de Nova Iorque).
(13) Tem-se levantado assim igualmente no nosso país um problema grave nos domínios da equidade e da eficiência na utilização dos recursos a que voltaremos adiante (em 4.3.c, onde referiremos a promessa de que comece a ser ultrapassado em breve).
(14) Tem-se investido mais em estações, nós e acessos das áreas metropolitanas do que nas vias férreas nacionais, demorando-se hoje entre Lisboa e Porto o que se demorava há 40 ou 50 anos (quando a demora pela via rodoviária foi reduzida entretanto para menos de metade do tempo, com o consequente aumento do número de pessoas que anteriormente se deslocavam de comboio e hoje se deslocam a essas cidades em automóvel individual, agravando os seus congestionamentos).
 Há que apressar pois a melhoria prevista para as grande ligações nacionais, privilegiando, não a bipolarização, mas sim a aproximação entre todos os portugueses. Nesta lógica é de saudar o

uma percentagem muito significativa dos investimentos feitos no país [15].

Estamos assim perante situações economicamente ineficientes e com consequências sociais graves que não são contudo resultado, importa tê-lo bem presente, do mérito ou demérito de quem está a gerir a situação corrente. Embora podendo ser criticável uma ou outra política ou uma ou outra prioridade trata-se de algo inevitavelmente ligado às grandes cidades: não valendo a pena iludir-nos (não é sério que o façamos...) afirmando que é possível ultrapassá-lo com investimentos massiços, comprometendo investimentos que são necessários e seriam mais rentáveis em outras áreas do país. Estamos apenas a lutar 'contra a corrente', acumulando problemas com soluções cada vez mais caras e nunca totalmente satisfatórias, que contribuem indesejavelmente para aumentar a macrocefalia (ou a bicefalia) já existente.

A experiência do que se passa nos vários países mostra claramente que há uma dimensão óptima para as cidades. Conforme referem Monod e Castelbajac "les dépenses collectives absorbent une part croissante du produit national et varient très fortement en fonction de la population des agglomérations. La taille idéale des villes, sur le plan financier, se situe entre 20.000 e 250.000 habitants. Au--dessous, le prix des équipements publics par habitant augmente légèrement et, au-dessus, dans les proportions vertigineuses. Selon certains experts, l'arrivée d'un habitant supplémentaire dans une ville millionnaire entraîne une dépense supérieure de moitié à celle qu'elle exigerait dans une ville de 20.000 à 50.000 habitants" [16].

---

anúncio pelo Governo actual da introdução de comboios rápidos ('pendulares') entre o Minho e o Algarve, com ligações à Galiza e à Andaluzia; mas de lamentar a notícia do desvio para a Gare do Oriente (com a localização, na EXPO/98, posta em causa pela CP...) de "apoios comunitários a receber do FEDER" que estavam destinados "à linha do Norte e à da Beira Alta" (*Expresso*, 9.3.1996; são pontos a que voltaremos em 4.1).

(15) Das consequências sociais das concentrações existentes são sintomáticos também entre nós os números da criminalidade: 60% do total do país na área metropolitana de Lisboa (onde reside 27,1% da população continental portuguesa) e 25% na área metropolitana do Porto (onde reside 12,5% da população).

Assim acontece não obstante tratar-se das áreas com os indicadores mais elevados de nível de vida e de poder de compra, tendo a população da Grande Lisboa um poder de compra *per capita* 88,3% acima da média nacional (mais do que triplo no concelho de Lisboa) e a população do Grande Porto um poder de compra 34,4% acima da média (mais do que 2,5 vezes superior no concelho do Porto) (INE, 1995_a).

(16) Loc. cit. (1994, pp. 6-7), onde acrescentam que "les grandes métropoles grèvent donc les finances publiques. La faillite budgétaire de New York en 1975 a frappé les imaginations dans le monde entier, illustrant de manière dramatique la crise profonde qui secoue les grandes villes des Etats-Unis. Les dépenses par habitant des grandes agglomérations sont dans ce pays supérieures de 70% à celles des petites villes. En France, les statistiques du ministère des finances, qui portent sur la moitié environ des dépenses d'investissement de l'Etat, montrent que l'Ile-de--France a reçu sur la période 1976-1990, par habitant, 61% de plus que la province".

Em Portugal pode constatar-se por exemplo que as Câmaras Municipais das áreas metropolitanas

A única solução estará em conseguir-se, seguindo-se o exemplo dos países melhor organizados e mais eficientes, uma promoção mais equilibrada do nosso país, com um melhor aproveitamento dos centros urbanos de média e mesmo pequena dimensão.

O exemplo dos outros países é aliás ainda esclarecedor ao desfazer uma dúvida que proventura poderia levantar-se, julgando-se que a grande dimensão de alguns centros seria indispensável para assegurar os serviços indispensáveis a uma economia aberta e competitiva: a título de exemplo, Lisboa teria de aproximar-se da dimensão de Madrid (e Madrid de Paris...) para assegurar tais serviços.

De facto, não podemos encontrar na Europa países mais competitivos do que a Holanda, a Alemanha ou a Suíça, constatando-se que se trata de países onde nenhuma cidade tem a dimensão dos pólos urbanos de Lisboa ou mesmo do Porto (com a excepção de Berlim, por razões históricas, mas como se sabe está longe de ser o centro económico da Alemanha) [17]. A dimensão média das cidades mais influentes destes países ajuda-as aliás – ou é mesmo decisiva, sendo evitadas as ineficiências apontadas, v.g. nos transportes – no importante papel que desempenham.

Será do interesse nacional, pois, que Lisboa e Porto se mantenham em proporções razoáveis mesmo como condição para, com qualidade, desempenharem eficazmente o importante papel que tem de caber-lhes no nosso país (para não falar já de só deste modo poder garantir-se uma boa qualidade de vida aos seus habitantes) [18].

---

de Lisboa e Porto têm mais de metade (51%) do total dos funcionários das autarquias portuguesas, quando servem menos de 40% da população, e entre 1981 e 1991 tiveram um crescimento das despesas correntes por habitante de 1,72 quando foi de 1,2 ou menor nas demais Câmaras, num diferencial claramente maior do que o diferencial de crescimento das populações respectivas: continuando a agravar-se pois uma maior ineficiência que vinha já de trás (ver Silva, 1995, pp. 84 e 188).

Multiplicam-se de facto os exemplos mostrando que são de um modo geral muito maiores as deseconomias do que as economias externas e de escala das grandes concentrações: não tendo fundamento a ideia contrária, que se tem querido alimentar para 'justificar' o seu reforço.

Nas palavras de Oliveira (1992, p. 147), referindo-se às áreas metropolitanas de Lisboa e Porto, "a sua dimensão demográfica não deve crescer mais!", devendo "os rearranjos na distribuição da população" "orientar-se para centros urbanos de dimensão média".

(17) Numa comparação interessante das hierarquias urbanas em alguns países europeus ver Derycke (1993) e numa referência à lógica de rede que pode contrapôr-se com êxito ao paradigma tradicional ver Camagni (1993). Tendo em conta o caso português, sobre a necessidade de reforçar as cidades de pequena e média dimensão ver os contributos dados em Comissão de Coordenação da Região Centro (1995) e em Ministério do Planeamento e da Administração do Território (1995, onde são incluídas igualmente comunicações considerando problemas que se levantam e acções que estão previstas para as duas áreas metropolitanas portuguesas).

(18) Trata-se de duas cidades que oferecem condições especialmente vantajosas de localização, constituindo os maiores mercados consumidores nacionais e tendo as melhores ligações ao

Não está aliás a almejar-se assim algo de utópico ou caro, face a uma tendência inevitável.

Pode de facto constatar-se, valendo a pena mais uma vez olhar para as experiências dos outros, que os países do centro e norte da Europa estão a ter êxito na diminuição da percentagem da população urbana que reside em aglomerações de mais de um milhão de habitantes, tendo descido, entre 1980 e 1990, de 35,2 para 26,3% no Reino Unido, de 18,8 para 14,8% na Alemanha e de 19 para 15,8% na Holanda. Fora os casos, de crescimento já anterior, de Nova Iorque, S. Francisco, Los Angeles, Paris, Tóquio e Osaca, prevê-se que no ano 2000 se localizem em países menos desenvolvidos as demais 17 cidades do mundo com mais de 10 milhões de habitantes.

Numa constatação que nos fere o prestígio constata-se aliás nos nossos dias que o crescimento desmesurado das grandes metrópoles (tal como a incapacidade de controlar a natalidade...) acaba por ser fenómeno caracterizador de países mais atrasados. Na União Europeia "c'est dans les régions les moins prospères, celles du sud de notre continent, que l'on trouve encore des métropoles en croissance rapide, notamment Athènes et Madrid" (Monod e Castelbajac, 1994, p. 100). É de facto pena que sejam estes os exemplos que estamos a seguir.

Não está por outro lado em causa algo que seja caro, conforme se sublinhará adiante. Para além de uma afectação mais racional dos apoios financeiros (vimos já os custos das deseconomias das concentrações) está em causa fundamentalmente uma mudança da estrutura administrativa e de políticas que têm sido a causa principal dos desequilíbrios existentes; mudança que, se ocorrer, permitirá pelo contrário uma redução significativa do orçamento estadual, com o alívio e a utilização mais eficiente do conjunto do sector público [19].

---

estrangeiro por via aérea e por via marítima: justificando também por isso a preferência de muitos investimentos estrangeiros (em muito maior medida em Lisboa), de grande relevo para o nosso país.

(19) Mostrando a experiência internacional que o peso global da administração acaba por ser menor em países descentralizados do que em países centralizados. Apesar da multiplicação dos serviços verifica-se em cada caso uma maior eficiência, ficando sem 'justificação' estruturas pesadíssimas a nível central que o centralismo poderá 'fazer crer' que são indispensáveis (em Portugal um caso paradigmático continua a ser o dos funcionários do Ministério da Agricultura em Lisboa, em número superior ao da totalidade dos funcionários da Comissão Europeia). Com estruturas regionais há naturalmente um conhecimento melhor das actividades desenvolvidas (aliás mais eficientes, no interesse de todos, com a proximidade dos problemas), ficando a nu e sendo mais provavelmente corrigidos os casos em que nada é acrescentado pelo pessoal que está a mais.

b) Um crescimento equilibrado dos meios urbanos, com um ordenamento correcto, torna-se aliás possível e desejável pelas circunstâncias favoráveis da geografia do nosso país: proporcionando um aproveitamento eficaz de todos os recursos, no litoral e no interior, através de uma articulação correcta entre as áreas metropolitanas de Lisboa e do Porto e os centros de pequena e média dimensão [20].

1) No litoral, para além da vocação própria do Algarve e de algumas zonas do Alentejo, há a sublinhar as condições especialmente favoráveis do território entre Setúbal e Braga, com vários centros urbanos de média dimensão capazes de corresponder à maior parte das solicitações nos campos do apoio económico e do bem-estar das populações. Potenciando tal capacidade, trata-se de uma faixa onde é possível estabelecer – aliás em boa medida com base no que já existe – uma rede eficiente de transportes e outras articulações, valorizando-a com uma vasta 'área metropolitana' do país [21] (numa lógica para que deverão dar ainda um contributo importante a adequada localização e o adequado funcionamento do futuro aeroporto de Lisboa e do combóio de grande velocidade, TGV ou outro, conforme sugerimos em estudos anteriores e voltaremos a referir adiante, em 4.1).

Não se tratará aliás de nada de original, tendo características desta natureza a zona mais dinâmica da Europa (a chamada 'banana de ouro', que inclui a Holanda, toda a parte ocidental da Alemanha e a Suiça), onde, como se disse atrás, não há nenhum centro urbano com a dimensão populacional da Grande Lisboa ou do Grande Porto, não se sofrendo por isso com deseconomias como as existentes em

---

(20) Beneficiando-se ainda de um modo muito particular das possibilidades oferecidas actualmente pelos sistemas de telecomunicações e informática, que fizeram perder relevo à distância, sendo indiferente obter ou fornecer qualquer informação, por telefone ou por FAX, na mesma cidade ou a muitos quilómetros de distância: importando apenas evitar, como diremos adiante (em 4.2), que tarifas diferenciadas mantenham situações de desigualdade, provocadoras de iniquidades e ineficiências.

(21) No sentido de uma área onde podem e devem ser conjugadas acções no interesse geral, não defendendo nós de forma alguma que, tal como tem acontecido e está a agravar-se relativamente às áreas metropolitanas de Lisboa e do Porto, se trate em grande medida de um pretexto para situações favoráveis de excepção, à custa das populações das áreas mais desfavorecidas: com prejuízos de equidade e económicos para o todo nacional (veja-se o que diremos em 4.3). Sendo organizações que os beneficiam, sem paralelo para os demais municípios do país, não podem designadamente deixar de ser os municípios que as integram e repartir as despesas de funcionamento das Juntas Metropolitanas, que não se compreenderá aliás que sejam elevadas (v.g. devendo beneficiar do apoio dos serviços das Câmaras, com pessoal muito acima da média nacional – vimo-lo na nota 16 – e procedendo aqui claramente o 'princípio da subsidiariedade').

Portugal e conseguindo-se, pelo contrário, uma grande eficiência através da articulação estreita entre centros bem servidos de média dimensão.

2) Por outro lado Portugal poderá beneficiar de um modo muito especial da circunstância de as zonas mais desfavorecidas, no interior, serem ou virem a ser atravessadas por diferentes itinerários rodoviários e ferroviários de ligação a Espanha.

Trata-se de modos de transporte e vias já com grande relevo para nós antes da integração, fundamentalmente para as ligações com os países além-Pirinéus, com os quais tinha lugar a maior parte do comércio externo português. Com a integração simultânea de Portugal e da Espanha na Comunidade deu-se por seu turno uma grande aproximação entre as economias dos dois países peninsulares, numa época em que de qualquer modo, pela sua dinâmica própria, seria de esperar que viesse a dar-se. Assim acontece aliás não só no campo comercial como também, com especial relevo e aqui na linha do que já acontecia anteriormente, no campo do turismo, sendo a Espanha de longe o nosso principal cliente, com a utilização predominante de transportes terrestres.

Através de tais ligações está sem dúvida a servir-se o litoral mais desenvolvido do país, beneficiado com o acesso aos mercados espanhol e além-Pirinéus, na colocação de produtos e na prestação de serviços turísticos. Mas não deixa de ser servido simultaneamente o interior mais desfavorecido, beneficiado com boas ligações tanto aos outros países como ao litoral português [22].

Não se verifica pois também a este propósito qualquer necessidade de fazer a opção referida atrás (face a um eventual *trade-off*) entre uma maior 'equidade' e uma maior 'eficiência', que poderia suscitar talvez hesitações em relação ao objectivo a privilegiar.

---

(22) Ver Porto, Costa e Jacinto (1989). Parece-nos por consequência um erro grave que no Norte em vez de se privilegiar o IP4, valorizador de todo o interior de Trás-os-Montes, se privilegie antes uma ligação em auto-estrada que, subindo por Fafe, entronca na auto-estrada espanhola da Galiza (ou seja, favorece-se o interior da Espanha em lugar de se favorecer o interior de Portugal); tal como nos parece igualmente um erro grave, como veremos melhor na nota 28, que o itinerário Lisboa-Valladolid não aproxime o litoral e o interior da Região Centro.

Contraria-se assim, com efeitos muito negativos, a lógica das estratégias horizontais de promoção integrada que têm vindo a ser seguidas pelas Comissões de Coordenação, aproximando, no interesse de todos, espaços de dimensões razoáveis capazes de constituir de facto alternativas vantajosas à bipolarização actual (o que seria especialmente relevante com a criação das regiões: cfr. *infra* a nota 62 e Oliveira, 1996).

c) Não pode deixar de ter-se presente contudo que a existência de boas ligações é uma 'faca de dois gumes', podendo servir para favorecer os centros intermédios do litoral e as zonas interiores ou, pelo contrário, para acelerar o seu esvaziamento: passando a acorrer-se ao litoral, principalmente a Lisboa (talvez também ao Porto ou a alguma outra capital de distrito de maior dimensão) à procura de bens e serviços que até agora lá têm sido oferecidos, animando as suas economias e a sua vida social. Em muitos casos foi o próprio Estado a 'forçar' estas deslocações, com o encerramento de serviços públicos na província, sem que tal se justificasse por razões de economias de escala (veja-se o que diremos *infra*, em 4.4.a) [23].

Importa, pelo contrário, que seja levada a cabo uma política de valorização do interior, designadamente dos seus centros urbanos, nos termos que referiremos mais adiante [24].

d) O caso português constitui ainda um exemplo claro em que grande parte das vantagens comparativas de que o país dispõe, em economia aberta, se encontram a nível regional.

Olhando para as estatísticas do comércio externo e para o mapa de Portugal podemos constatar que é de facto em diferentes regiões (v.g. no centro e no norte, no quadro actual) que se encontra uma grande parte dos recursos naturais e do *know-how* que explicam as nossas exportações: sendo de esperar que, mesmo com um maior desenvolvimento e a aproximação da economia portuguesa às demais economias da União (v.g. nos níveis salariais), não venham a verificar-se alterações muito sensíveis nas nossas posições relativas. De um modo especial, numa preocupação que é comum a todos os países (mesmo a países mais ricos, como por exemplo à Holanda em relação à Alemanha), há que garantir condições competitivas no mercado de trabalho. Ora, a experiência alheia, tal como também já a experiência

---

[23] Em determinados períodos chegou a ter-se 'receio' de abrir os jornais, temendo-se a notícia de mais algum encerramento na terra natal...
Na mesma linha de empobrecimento parece-nos especialmente penosa a deslocação – já verificada – de obras de arte da província para museus centrais, quando é aliás nos locais de origem que têm mais sentido, ligadas à sua história e enquadradas no seu contexto cultural; e constituem motivo de valorização turística, atraindo pessoas interessadas no seu conhecimento. Compreende-se que as populações locais fiquem feridas com o afastamento de algo que sentem pertencer-lhes; e felizmente Lisboa não necessita de acréscimos ao património de que dispõe, dos mais ricos do mundo, ligado a uma história que em grande medida por lá passou

[24] A viabilidade e o relevo desta perspectiva são evidenciados pelo exemplo espanhol, com cidades interiores de grande dinâmica, dispondo designadamente de indústrias diversificadas, centros universitários influentes e instituições financeiras próprias que dão um contributo muito importante para o desenvolvimento do país.

portuguesa, mostra que uma localização equilibrada da actividade económica (designadamente da actividade industrial) nas várias regiões constitui um meio de, assegurando boas condições de vida aos trabalhadores, se manter a competitividade dos países, com rendimentos reais sensivelmente acima dos salários nominais. Assim poderá acontecer, em particular, por ser possível nessas circunstâncias que muitos trabalhadores, ficando nas regiões de origem, continuem a viver em casas próprias (ou de rendas baratas) e a dispôr de terrenos que agricultam, evitando custos elevados de habitação e alimentação (em muitos casos também de transporte, com as deslocações para e dos empregos) a que não pode fugir-se nos grandes centros: ou seja, sem que a manutenção de salários nominais mais baixos do que em outros países constitua um sacrifício difícil de suportar [25].

Seria de facto uma ingenuidade procurar passar para um padrão de especialização com base apenas em outros factores, por exemplo na dotação de capital ou na inovação tecnológica, conforme por vezes se sugere (ou deseja). Sem dúvida, há que fazer um esforço sensível no sentido de aumentar a afectação ao investimento de aforro interno e externo e de promover a modernização tecnológica, mas não se vê seriamente o que poderia levar a que a estes propósitos passássemos a ter condições de vantagem em relação aos países mais ricos e já de muito maior avanço científico e tecnológico da União Europeia (e de outros espaços do mundo); garantindo-se além disso emprego competitivo à generalidade da mão-de-obra portuguesa.

Será de esperar, a título de exemplo, e por melhor que seja a nossa boa vontade, que a tal propósito Lisboa ofereça vantagens sobre Madrid, Paris, Londres ou Frankfurt? Sem dúvida, Lisboa oferecerá condições de vantagem em relação a determinados graus intermédios de produção, certamente também em relação a um ou outro sector de ponta, beneficiando simultaneamente da qualidade relativa dos serviços proporcionados (sobre as suas condições de localização recorde-se a nota 18) e de condições de trabalho mais vantajosas em Portugal do que no estrangeiro; mas em muitos outros casos, tendo em conta esses e outros factores, são mais vantajosas as condições oferecidas em diferentes regiões do país.

---

(25) Baseou-se em medida assinalável num circunstancialismo deste tipo (de que há aliás bons exemplos no litoral português e também em alguns pontos do interior) o êxito recente conseguido em várias regiões do centro da Itália, na chamada *terza Itália*, dando um contributo decisivo para o desenvolvimento do país (ver a título de exemplo Camagni e Cappelin, 1985, Garofoli, 1988 e 1994, Antonelli, 1988, Becattini, 1990 e 1994 e ainda outros artigos inseridos igualmente em Comissão de Coordenação da Região Centro, 1990 e Benko e Lipietz, 1994).

Trata-se ainda, importa sublinhá-lo, de uma estratégia em que não é de menor exigência, pelo contrário, o papel que tem de caber aos nossos cientistas. Sendo uma estratégia de *upgrading* ligada à realidade do país, na linha do que é correctamente sugerido no Relatório Porter (1994), exige uma capacidade e uma imaginação bem maiores (e mais motivadoras...) do que a que consistisse – como infelizmente tem acontecido – na mera importação (da Europa, dos Estados Unidos ou do Japão) de laboratórios 'com chave na mão' implantados em parques tecnológicos caros e vistosos mas com pouco ou nenhum impacto na economia portuguesa.

Este impacto indispensável será melhor conseguido, como bem se compreende e voltaremos a sublinhar adiante (no final de 4.4.a), com centros de investigação e tecnológicos localizados em diferentes pontos do país, v.g. junto da indústria, só assim se conseguindo uma motivação e uma interacção indispensáveis para que sejam atingidos os objectivos em vista (sendo a própria indústria privada motivada, com benefícios de toda a ordem – e diferentemente do que está a acontecer com a generalidade dos grandes centros e laboratórios nacionais [26] – a pagar boa parte da investigação que lhe é dirigida).

4. As políticas a seguir

Face às circunstâncias já recordadas e à premência de dar mais competitividade à economia do nosso país há que intervir conjugadamente em diferentes planos, entre eles nos que vamos passar a referir.

4.1. Uma cobertura equilibrada do território e a articulação dos vários modos de transportes

Sendo muito significativos os progressos verificados nos últimos anos na construção de rodovias nas várias regiões do país [27] importa por um lado garantir um equilíbrio eficaz com algumas grandes vias ainda a implantar, em ligação à demais

---

(26) Que acabam de um modo geral por ter fundamentalmente encomendas das grandes empresas públicas, 'motivadas' politicamente a fazê-las (ou mesmo por procurar justificar-se com a localização neles de serviços públicos, v.g. de Universidades).
A estratégia bem diferente que defendemos para Portugal é a que está claramente definida para a Investigação e Desenvolvimento Tecnológico no Tratado da União Europeia, dispondo-se no n. 2 do artº 130º-F que "a Comunidade incentivará, *em todo o seu território, as empresas, incluindo as pequenas e médias empresas, os centros de investigação e as universidades* nos seus esforços de investigação e de desenvolvimento tecnológico de elevada qualidade" (itálico nosso).

(27) Mais de 2 200 quilómetros entre 1985 e 1995 só em itinerários principais (IP's) e complementares (IC's).

rede nacional e regional, e por outro conseguir uma articulação, até agora quase inexistente, entre os vários modos de transporte (no quadro de um verdadeiro 'sistema nacional de transportes').

Na primeira linha assume um relevo primordial a implantação das redes transeuropeias: sob pena de ficarem limitados os serviços proporcionados e constituirem mesmos factores indesejáveis de agravamento dos desequilíbrios.

Tendo especialmente em vista a promoção do interior do país e um melhor aproveitamento das oportunidades proporcionadas pela economia espanhola importa que as ligações não se limitem a uma ou a poucas grandes vias, neste caso concentradas na mesma área, sendo indispensável que se repartam por várias vias mais. Com elas, cruzando zonas mais vastas (e desfavorecidas) do interior de Portugal e da Espanha, são melhor servidos não só as zonas atravessadas como os pontos do litoral que de outro modo ficariam afastados das poucas vias a privilegiar [28].

(28) Nesta linha havia sido um progresso assinalável o novo traçado da Transeuropeia Lisboa-Valladolid definido pelo anterior Governo português, passando por Viseu a partir da auto-estrada Lisboa-Porto (ver o Mapa II): com o que, em lugar de se ter um traçado relativamente

Mapa II - Traçado da transeuropeia Lisboa-Valladolid

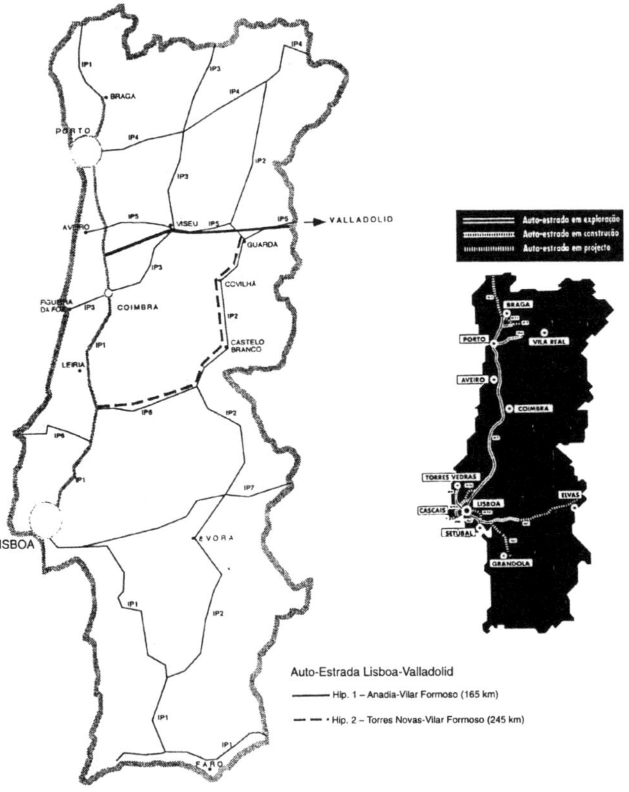

próximo da auto-estrada Lisboa-Elvas-Badajoz, com um afastamento maior do Vale do Tejo seria servido também o litoral do centro e de parte do norte do país, zonas de grande população e actividade industrial (ver os Mapas III e IV) que de outro modo ficam sem nenhuma ligação por auto-estrada ou sequer por via dupla ao centro da Espanha e aos demais países da União Europeia.

Mapa III - Densidade populacional (1991)

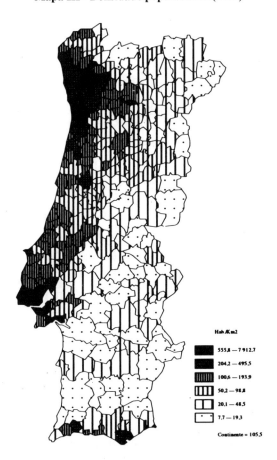

Em relação à alternativa considerada pelos serviços da Comissão Europeia, a partir de Torres Novas e passando por Castelo Branco, seria muito maior a procura servida, em termos de população e actividade económica, muita dela para exportação (mesmo para servir Lisboa, sendo aqui a origem da Transeuropeia, há um acréscimo apenas de oito quilómetros no trajecto total: 345 em lugar de 337 quilómetros até Vilar Formoso) e seria por outro lado muito menor o número de quilómetros a construir, 165 em vez de 245 (ou seja menos 80, o que representaria uma economia superior a 95 milhões de contos). Com o alargamento do serviço social e económico proporcionado – correspondendo a uma procura maior – e um custo muito mais baixo seria consequentemente muito mais depressa rentabilizado – ou só assim será rentabilizado – o investimento a fazer pela empresa concessionária (a BRISA ou outra entidade que venha a fazê-lo).

Mapa IV - Repartição Regional do VAB na indústria (1990)

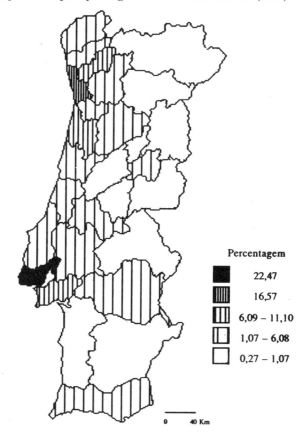

Acontece aliás que com esta opção não haveria prejuízo nenhum para as zonas do Vale do Tejo, Castelo Branco e Covilhã, na medida em que o IP-6 e o IP-2, não tendo portagens, têm via dupla ao longo de um traçado sempre coincidente. Ou seja, sendo já prestado assim um serviço inteiramente satisfatório e grátis e não havendo nada mais a proporcionar, não haveria nenhum incentivo ou interesse na utilização da auto-estrada, que estaria condenada por isso ao insucesso sócio-económico e financeiro.

Numa mudança básica o Governo actual veio a considerar todavia como trajecto Lisboa--Valladolid o IP6 e o IP2 em construção: com o que, além de nada se acrescentar, fugindo-se a servir zonas mais populosas e industriais do país se acentuará a polarização de Lisboa, com os inconvenientes gravíssimos que temos vindo a sublinhar neste artigo.

Julgamos pois que mesmo que por razões orçamentais de momento (em especial com a necessidade de cumprir os critérios de Maastricht) tenha que se espaçar mais a construção

Por outro lado, com uma articulação desejável entre os vários modos de transporte conseguir-se-á não só um aproveitamento melhor dos recursos nacionais como evitar que acorram aos centros urbanos congestionados pessoas e mercadorias com outras origens e com outros destinos (com prejuízo seu e dos próprios residentes e agentes económicos desses centros, penalizados com uma sobrecarga desnecessária).

Trata-se de situação a ter em conta de um modo muito particular nas decisões a tomar em relação à localização e ao modo de funcionamento de duas infraestruturas da maior importância para Portugal, justificando por isso a sua referência nesta comunicação: o novo aeroporto de Lisboa e o TGV de ligação a Madrid e ao demais espaços europeus.

Na localização do aeroporto será indispensável assegurar que a procura que dele será feita, na maior parte por pessoas do concelho de Lisboa (75% em 1991) mas numa medida apreciável também por pessoas de outros concelhos deste distrito (com 90% da procura total) e de outros distritos vizinhos [29], não seja satisfeita apenas pela via rodoviária: igualmente pela via ferroviária nacional e, no que respeita ao concelho de Lisboa e a concelhos limítrofes, pela rede do metropolitano. Não é de facto pensável que um aeroporto a abrir no próximo século venha a ser servido apenas pela via rodoviária, ignorando-se, além do mais, a experiência muito positiva já hoje conhecida nos países onde os aeroportos internacionais são atravessados pela rede principal dos caminhos de ferro (podendo acrescentar-se aos exemplos da Holanda, da Alemanha e da Suíça o exemplo da França, com o aeroporto Charles de Gaule servido, além do metropolitano de Paris, por uma auto-estrada principal e pelo TGV; podendo por isso, sem congestionamentos adicionais, ficar acessível em pouco tempo a mais algumas dezenas de milhões de passageiros potenciais – numa área de influência que chegará a Bruxelas... – que não são forçados a ir ao centro da cidade, com vantagens próprias e para os que aqui residem).

---

não deverá deixar de se considerar e classificar como Transeuropeia Lisboa-Valladolid o traçado novo que mais nos interessa, servindo de um modo mais alargado (v.g. com um afastamento maior da auto-estrada Lisboa-Badajoz) a população e a economia do nosso país.

Merece-nos já acordo que as verbas de que poderá dispôr-se de imediato sejam destinadas à introdução de comboios rápidos 'pendulares' entre o Minho e o Algarve, aproximando o país de norte a sul; todavia com a condição de que não deixem de ser mantidas e melhoradas as ligações para o interior e aqui de acesso a Espanha e aos demais países, como são os casos da linha da Beira-Alta (recorde-se a nota 14) e do TGV passando por Madrid (ver o texto a seguir, em especial o Mapa V).

(29) Em 1991 foi de 268 000 passageiros a procura gerada no conjunto dos distritos de Santarém, Leiria e Coimbra e de 198 400 a procura gerada no distrito de Setúbal.

Trata-se de melhorias de acessibilidade que vão ganhando relevo à medida em que o transporte aéreo vai deixando de ser procurado predominantemente por passageiros com bagagens pesadas, que compreensivelmente se vêem obrigados ao transporte individual, v.g. por taxi, para aceder ao aeroporto. Há já hoje em dia uma alteração sensível na clientela predominante dos aviões, pessoas com pouca ou nenhuma bagagem em deslocações breves (v.g. no próprio país), que nas grandes urbes preferem naturalmente o acesso por combóio e metropolitano, evitando os congestionamentos existentes (os exemplos de Paris e Londres são já muito claros neste sentido).

Não é por outro lado solução, conforme a experiência alheia mostra também, implantar uma linha de serviço apenas a um aeroporto, ou de qualquer forma servindo depois dele apenas um *hinterland* pouco populoso: não tendo um aeroporto só por si movimento que justifique uma grande frequência de combóios e deixando estes de ser procurados se circularem espaçadamente [30].

No caso português a articulação intermodal que se defende, além de ser indispensável para evitar deseconomias externas desnecessárias na área metropolitana de Lisboa, contribuirá para valorizar, através das vias rodoviária e ferroviária, a rede urbana de uma parte muito significativa do continente, proporcionando um melhor aproveitamento das potencialidades oferecidas pelas respectivas regiões[31].

(30) Trata-se de círculo vicioso em que se caiu por exemplo com a extensão do metropolitano de Roma ao aeroporto de Fiumicino.

(31) Dadas as circunstâncias apontadas seria especialmente desvantajosa a localização do novo aeroporto na margem sul do Tejo, numa zona que não é nem poderá ser servida por uma linha de grande tráfego dos caminhos de ferro e só muito dificilmente acessível ao metropolitano; acrescendo que, localizando-se a norte do Tejo mais de 90% da procura do aeroporto, uma solução que passasse pela necessidade de atravessamento do rio, comprometendo logo à partida qualquer nova infraestrutura que venha a ser construida, seria lesiva não só para a grande maioria dos utilizadores do aeroporto (v.g. em 'horas de ponta') como para todos os que, por qualquer outra razão, têm de atravessar o rio com frequência.

Já uma solução a norte, por exemplo na Ota, tal como tem sido sugerido, além de – face à procura dominante – evitar o congestionamento desnecessário de pontes (ou túneis) existentes ou a construir, pode ser servida pela rede ferroviária principal do país (parando os combóios da linha do norte e o futuro TGV dentro do próprio aeroporto), a par da rede rodoviária (com a auto-estrada Lisboa-Porto e todas as suas ligações), e ser devidamente articulada com a rede de transportes (v.g. com o metropolitano) do concelho de Lisboa (ver Porto, 1992, bem como já antes Porto, Costa e Jacinto, 1989; conforme sublinhámos aqui, p. 1, é de prever que "qualquer ponte nova ou túnel que venham a ser construidos em Lisboa virão com atraso em relação ao trânsito entretanto criado, levantando em várias horas de cada dia sérios problemas a quem se dirigisse ao (ou do) aeroporto, na sua grande maioria pessoas residentes ou com actividade na capital e nos demais concelhos a norte do Tejo").

O privilegiamento do acesso ferroviário ao aeroporto será ainda um contributo para uma desejável rentabilização deste modo de transporte, em cujo futuro importa apostar por razões de ordenamento, urbanismo e ambiente.

No caso do TGV, estando já definido que servirá em T Lisboa e o Porto (ver o Mapa V) [32], haverá que assegurar que quem se dirija de um outro ponto ou para outro ponto do país não tenha de se deslocar a uma destas cidades, podendo tomar combóios que (além dos combóios directos entre Lisboa e Madrid e o Porto e Madrid) parem no ponto de bifucarção (talvez no Entroncamento) e em outras cidades [33].

Também através do serviço assim proporcionado a estas cidades e da articulação com os eixos principais das redes ferroviária e rodoviária nacionais (designadamente com a linha do norte, com a auto-estrada Lisboa-Porto e com as várias linhas e estradas a elas ligadas) não só se evitará o congestionamento desnecessário das duas áreas metropolitanas como se dará um contributo de grande importância para um maior equilíbrio da rede urbana do país.

4.2. A tarificação única nas telecomunicações

Constituindo as telecomunicações, como se disse (na nota 20), um factor de aproximação sem paralelo [34], têm estado limitadas [35] como consequência da tarificação diversificada que é aplicada, agravando as condições de quem está mais longe dos grandes centros.

Até há poucos anos tinhamos aliás a situação incompreensível de nas comunicações urbanas não se pagar em função do tempo dispendido (por impulsos), diferentemente do que acontecia com as comunicações interurbanas e internacionais.

---

(32) Não podendo nós deixar de lamentar que se tenha protelado a sua construção, que não foi incluida no Programa das Redes Transeuropeias aprovado pela União Europeia e agora em concretização. A Europa dos 'transportes do futuro' acabará assim em Madrid e Sevilha, com a imagem negativa que é dada e, mais concretamente, ficando Portugal limitado nas possibilidades de aproveitar em maior medida os excelentes mercados de Madrid ou de outras áreas de Espanha, v.g. como origem de turistas e destino de produtos por nós produzidos.
Com a solução em T ficava por outro lado o trajecto Lisboa-Porto integrado nas Redes Transeuropeias, podendo por isso a ligação entre as duas cidades, onde vão ser feitos agora investimentos de grande vulto, beneficiar de um apoio comunitário prioritário e mais favorável. No Programa inicial das Redes Transeuropeias de transporte ficámos limitados à auto-estrada Lisboa-Valladolid, pensando o Governo actual em inserir agora o comboio rápido 'pendular' entre o Minho e o Algarve (recordem-se as notas 14 e 28).

(33) Ver de novo Porto, Costa e Jacinto (1989).

(34) Sobre o seu relevo para o nosso desenvolvimento regional ver Gaspar e Porto (1985); sendo de facto as "auto-estradas electrónicas do futuro", na designação expressiva de Goddard e Gillespie (1990; ver ainda Lavin, 1993).

(35) Sendo notórios os progressos conseguidos em Portugal nos últimos anos na cobertura do território e na prontidão na instalação dos postos solicitados.

Mapa V - Esquema do TGV

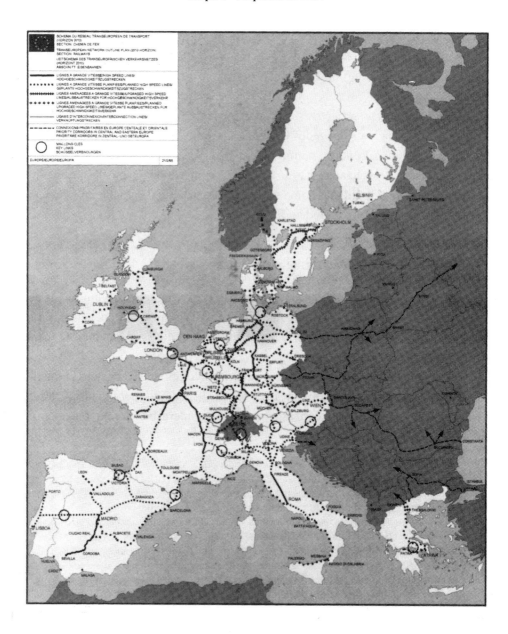

Ou seja, favorecia-se já assim quem, numa grande área metropolitana, podia estabelecer dentro dela a maior parte dos seus contactos.

Mas mesmo hoje, com a consideração de impulsos também nas comunicações urbanas, é muito representativa a diferença de preços, com períodos muito mais pequenos nas grandes distâncias: tendo-se chegado ao resultado de o superave das comunicações inter-urbanas cobrir o défice das comuniações urbanas.

Trata-se de diferença sem justificação nos custos [36] dado que, com as novas tecnologias, o custo variável é determinado pelo tempo de ocupação das redes e não pela distância.

Ou seja, sem lógica aceitável penaliza-se artificialmente quem, pelo seu afastamento, sofre já com os inconvenientes da distância (nos meios de transporte, no acesso a serviços de apoio e a outros propósitos).

Procurando promover na maior medida possível a utilização eficiente dos recursos do país é pelo contrário desejável e possível igualizar as tarifas a aplicar aos utentes: numa linha aliás já iniciada, com uma aproximação gradual até ao fim do século, mas que importa apressar e prosseguir até que se chegue a tal meta.

Com a igualização, deixando de ser oneradas as distâncias maiores, eliminar-se-á uma limitação importante à colocação das unidades produtivas e dos factores (mesmo dos consumidores) onde, por razões de mercado, seria mais vantajosa. Trata-se de vantagem económica a que acresce o benefício político assim proporcionado, aproximando os cidadãos de um país que tem na sua unidade [37] – enriquecida pelas diversidades regionais – um factor invejável no quadro da União Europeia.

---

(36) Apenas as infraestruturas terão um custo maior para chegarem a algumas áreas periféricas: o que justifica simplesmente um apoio financeiro inicial, que no quadro actual pode aproveitar de meios comunitários.

(37) Unidade que nunca estará em causa mas que de qualquer modo, por razões económicas e políticas, importa que seja alimentada e reforçada através das grandes e das pequenas coisas, mesmo de valor pouco mais do que simbólico. A título de exemplo, no sector das telecomunicações a existência de duas empresas, uma para as duas áreas metropolitanas e a outra para o demais território (independentemente de se concordar com ela ou não) não deveria ter levado à existência de cartões de credifone diferentes (obrigando à duplicação de cartões a quem, circulando num território tão pequeno, utiliza com frequência os dois serviços) ou à utilização, para participar em concursos de televisão ou em sondagens, de números diferentes consoante se telefone de Lisboa e Porto ou do 'resto do país' (com a carga negativa que a palavra 'resto' tem na língua portuguesa...).
Na linha desejável pareceu-nos especialmente feliz um anúncio da companhia telefónica da Galiza publicado no *Financial Times*: dizendo que com o progresso conseguido "soon it will become *one single city*". É o que devemos almejar para Portugal, que seja um território onde mesmo os habitantes da província se sintam, não como 'cidadãos de segunda', mas verdadeiramente como 'concidadãos'.
Na mesma linha importará aliás ainda que, desde os bancos das escolas aos meios de comuni-

É curioso verificar aliás que, já com grande tradição, o serviço dos correios foi pioneiro e continua a ser um bom exemplo no caminho que propomos, pagando--se a mesma tarifa quer a carta ou a encomenda se destine à mesma cidade ou a qualquer outro local do país ou mesmo de Espanha. A este propósito deixou de haver, pois, qualquer limitação a que os empresários localizem os investimentos nos pontos mais favoráveis, embora distantes, optimizando-se a utilização dos factores de produção e a adequação da oferta à procura do mercado (ou ainda a que os cidadãos residam em zonas mais variadas do país, mesmo em zonas rurais – algumas agora em abandono – contribuindo também deste modo para uma ocupação mais equilibrada e valorizadora do território nacional).

Não julgamos que haja qualquer dificuldade em seguir esta mesma política nas telecomunicações, levando rapidamente até ao fim a aproximação que tem vindo a ser feita (ainda agora, com as actualizações para 1996) [38]. Face ao predomínio das comunicações feitas em centros urbanos (não só nas áreas metropolitanas de Lisboa e do Porto como nos centros urbanos intermédios: casos de Coimbra, Setúbal, Braga e muitos outros) um pequeno agravamento do seu preço será suficiente para compensar os maiores custos das amortizações das infraestruturas de acesso a locais mais afastados. Ou seja, um pequeno agravamento nas ligações urbanas, que pouco pesará na rentabilidade das actividades económicas e no bem--estar dos consumidores, capaz de contribuir aliás para desincentivar um uso tantas vezes desnecessário das redes, será bastante para, igualando as tarifas do país, proporcionar uma maior eficiência à economia e uma maior aproximação entre os portugueses.

4.3. O estabelecimento de legislação de âmbito nacional e a aplicação de critérios iguais para todo o país

Está-se aqui num domínio delicado a vários propósitos, podendo pôr-se mesmo em dúvida a constitucionalidade de disposições que, aplicando-se só a determinadas áreas do país em domínios muito ligados ao bem-estar e mesmo a direitos

---

cação, se (r)estabeleça o hábito de referenciar a Portugal e não a Lisboa tudo o que diga respeito ao conjunto do nosso país. A título de exemplo com frequência crescente fala-se no 'Governo de Lisboa', quando é desejável que mesmo quem se sinta prejudicado com determinadas medidas agravadoras das desigualdades não perca a ideia de que se trata do 'Governo de Portugal'...

(38) Com reduções de 9,7% nas chamadas europeias, 4,8% nas interurbanas e 6,3% entre o continente e as regiões autónomas, por um lado, e por outro lado com acréscimos nas chamadas locais e regionais, de 9%, e nas taxas de assinatura e instalação de telefones novos.

fundamentais dos cidadãos, criam situações de desigualdade inaceitáveis. Tanto na actividade legislativa como na prática seguida não pode deixar de se ter uma postura nacional, salvo naturalmente se houver características regionais que justifiquem medidas diferenciadas.

a) O exemplo de desigualdade que mais nos choca é o da legislação e do regime aplicável à 'política de extinção de barracas'.

Considerando-se a grande acuidade do problema nas áreas metropolitanas de Lisboa e do Porto instituiu-se um sistema especialmente favorável a que só podem aceder residentes nestas áreas. Mas infelizmente não há só aqui barracas e carências de habitação, há-as igualmente em outras zonas do país.

Como se compreende então que cidadãos igualmente desprotegidos, por viverem noutra área, não possam dispôr de um apoio igual?

Poderá dizer-se que o problema é mais agudo em Lisboa e no Porto; e sem dúvida é-o. Mas tal não deixaria de ser tido na conta devida com uma legislação de âmbito nacional, pelo contrário, sê-lo-ia exactamente na medida correcta. A título de exemplo, estando em Lisboa e Porto 99% dos cidadãos carenciados iriam para aí 99% dos apoios financeiros, mas não seria já violado o princípio da igualdade entre os cidadãos, sendo atendida igualmente a carência de qualquer pessoa, mesmo uma só, que por pouca sorte viva fora das áreas metropolitanas portuguesas [39].

b) Um segundo caso a justificar referência é o das excepções em relação às normas gerais do país para levar a cabo grandes 'projectos nacionais' localizados em Lisboa (casos do Centro Cultural de Belém e da EXPO/98): com a criação de figuras jurídicas próprias para se fugir a exigências mais demoradas e mais difíceis nos domínios financeiro e do urbanismo [40].

Havendo num caso e no outro prazos a cumprir julgou-se que não podiam ser seguidas as normas gerais do país. Reconheceu-se, pois, que estas seriam limitativas

---

(39) Na mesma linha não pode deixar de justificar reparo que uma iniciativa comunitário de renovação urbana, o progama URBAN, visando – segundo o regulamento – também cidades médias (acima de 100 000 habitantes), tenha ficado confinado inicialmente a concelhos das áreas de Lisboa e do Porto, desconhecendo-se problemas graves também em outras áreas, v.g. com centros urbanos antigos e em decadência. É por isso de saudar a extensão anunciada agora, em Janeiro de 1996, a dez outras cidades do nosso país.

(40) A intervenção de empresas públicas de transportes nas áreas metropolitanas constitui também um modo mais expedito de intervenção, relativamente à intervenção dos serviços municipalizados; para além de 'justificar' as desigualdades na cobertura de prejuízos financeiros a que nos referiremos em c).

de uma evolução rápida das coisas (não admitimos que fossem outras as razões das excepções abertas) e, sem cuidar de que demoras nas demais obras do país são igualmente (ou mais) inconvenientes para o nosso desenvolvimento, optou-se pela via seguida.

Parece-nos todavia que o reconhecimento da inadequação das normas vigentes deveria ter levado antes à sua alteração. Não ficariam pois prejudicados nem o Centro Cultural de Belém nem a EXPO/98 com a aprovação de normas mais adequadas e ficaria a crédito deste dois grandes 'projectos nacionais' terem sido o pretexto para uma melhoria legislativa beneficiadora do todo nacional. Seria aliás esta melhoria um 'projecto nacional' em que valeria a pena termo-nos empenhado, com efeitos mais alargados e profundos (desde logo seguramente favoráveis) do que os dois primeiros.

Não está a admitir-se, de forma alguma, que passasse a haver um rigor menor nas exigências financeiras, urbanísticas ou ainda por exemplo ambientais. O que se defende é que um alívio burocrático, com a salvaguarda rigorosa de tais interesses, deveria ter sido estendido a todo o país, não podendo aceitar-se a situação de desigualdade que se criou [41].

c) Um outro caso que justifica o mais vigoroso reparo é o do financiamento de défices de transportes urbanos de passageiros: que, como se disse atrás, têm sido cobertos nos concelhos de Lisboa e do Porto e da sua periferia (com mais de uma dúzia de milhões de contos anuais) mas não nos demais centros urbanos do país[42].

---

[41] Para além de casos de locupletamento próprio, a justificar medidas ainda mais severas do que as actuais, muitas das ilegalidades cometidas pelos serviços públicos e pelas câmaras municipais têm consistido em apressar procedimentos para evitar demoras social e economicamente inconvenientes. Fica o Estado mal colocado quando ele próprio reconhece a dificuldade ou a impossibilidade de cumprir tais normas, criando figuras jurídicas que o libertam do seu cumprimento.
Como é óbvio um alívio burocrático não *pode* conduzir a uma exigência menor na programação e na execução dos projectos, exigência que existe, como não pode deixar de ser, na iniciativa privada. São de facto muito preocupantes diferenças como as verificadas entre as previsões e os gastos no Centro Cultural de Belém e na EXPO/98, onde por exemplo a Gare do Oriente (recorde-se a nota 14), estimada em 9 milhões de contos, vai custar mais de 30 milhões, ou o Pavilhão Multiusos, projectado para custar 2,5 milhões de contos, não teve primeiro nenhuma proposta de construção abaixo dos 15 milhões e espera-se agora que seja adjudicado por 6,5; tudo contribuindo para que a EXPO, tal como o Centro Cultural, venha a custar muitíssimo mais do que o previsto (estando pelo contrário muito aquém as receitas da venda de terrrenos).
[42] Esperamos que se confirme o que veio noticiado em *As Beiras* de 25 de Janeiro de 1996, passando a haver de novo apoio financeiro a transportes colectivos de outras cidades portuguesas.

Tem-se verificado assim uma situação injustificável nos planos de equidade e económico [43]. Havendo também défices noutras cidades têm sido as Câmaras a cobri-los, à custa de outros interesses dos cidadãos, enquanto em Lisboa e Porto têm sido os cidadãos de todo o país a suportar um encargo que só aproveita a quem reside ou trabalha nesses concelhos e nos concelhos vizinhos.

Tem havido pois uma situação iníqua mas que é igualmente causa de ineficiência, com uma distorção na economia através da criação artificial de uma excepção, deixando além disso de haver incentivo – indispensável numa lógica de racionalidade – a que se verifique uma eficiência maior no sistema de transportes (dado que são em muito maior medida outros cidadãos a sofrer com a ineficiência existente).

Também aqui poderá dizer-se que o encargo, alegadamente por haver tarifas sociais (abaixo do custo) [44], é maior nessas duas cidades. Mas com a prática seguida tem havido um salto que não pode justificar-se, passando-se de uma cobertura total dos défices em Lisboa e no Porto para a ausência completa de apoios em todas as demais cidades.

Como se sabe a solução mais correcta será a de os custos dos transportes serem cobertos pelos preços. Não podendo ou não querendo ter-se esta exigência deverão ser os beneficiários a suportar os défices, à custa de outros apoios de que deixam por isso de beneficiar ou, se for essa a opção dos responsáveis locais, através de algum acréscimo fiscal (obviamente nos limites da lei): não havendo já nenhuma razão, de equidade ou económica, para que sejam outros cidadãos a suportá-los, entre eles os cidadãos das áreas mais desfavorecidas do interior do país.

Julgando-se indesejável ou insuficiente qualquer destas vias e necessário o recurso a verbas do orçamento do Estado não podem por seu turno deixar de ser seguidos intransigentemente (por razões de todas as naturezas) critérios de âmbito nacional. Estando em causa cidades de dimensão diferente não podem conceder-se obviamente verbas de igual montante, sendo lógico que uma cidade de um milhão tenha dez vezes mais do que uma cidade de cem mil habitantes. Mas o que não pode é compreender-se no que no nosso país haja soluções extremas, de tudo ou nada, indo todo o apoio para algumas e nada para as demais.

---

(43) Com a análise desta problemática e a sugestão de soluções ver Porto (1990).
(44) Pode questionar-se se será um processo justo de intervenção, acabando por não ser as camadas mais pobres as mais beneficiadas com os transportes subsidiados (ver de novo Porto, loc. cit.).

d) Um quarto caso em que estão a agravar-se situações de desigualdade inaceitáveis, na sequência de promessas eleitorais [45], é o a utilização das mesmas infraestruturas ou de infraestruturas da mesma índole ser isenta do pagamento de portagens nas áreas metropolitanas e a elas sujeita nas demais área do país [46].

O pagamento de portagens pela utilização de grandes vias de comunicação tem a melhor justificação, só com elas podendo avançar-se mais depressa na sua expansão, indispensável ao desenvolvimento, e sendo correcta, na lógica do princípio do benefício, a repartição de encargos que se verifica por seu intermédio [47].

Não querendo seguir-se estes ensinamentos da teoria e da experiência poderá aceitar-se ainda que não haja pagamento de portagens em nenhuma região. Mas o que não pode aceitar-se, em Portugal ou em qualquer outro país, é que haja 'paraísos financeiros', estando a utilização das mesmas infraestruturas (ou de infraestruturas da mesma índole) isentas ou sujeitas a pagamento consoante a região e os cidadãos que são servidos.

Não pode haver de facto hiatos no sistema, distinguindo-se aliás como áreas privilegiadas precisamente as áreas mais beneficiadas do nosso país, onde residem os cidadãos com maior poder de compra (recorde-se a nota 15) e onde operam as

---

(45) Foi afirmado por membros do Governo que não haverá mais abolições além das já concedidas, na CREL, na Maia e em Ermesinde. Não serão pois atendidas nem a reivindicação da Junta da Área Metropolitana de Lisboa, aprovada por unanimidade no dia 11 de Janeiro de 1996, no sentido se serem abolidas *todas* as portagens da sua área geográfica, nem a de alguns particulares no sentido de ser abolida a portagem na Ponte 25 de Abril.

(46) Com uma análise mais completa desta problemática, considerando-a nas perspectivas de ordenamento do território, de equidade e de desenvolvimento, bem como as razões de ordem política que estarão na base das abolições concedidas e reinvindicadas, ver Porto(1995 e 1996).

(47) Trata-se de procedimento adoptado em muitos países da Europa e de outros continentes, não havendo nenhuma iniciativa no sentido de o abandonar; pelo contrário, a tendência actual é claramente para que passe a haver portagens também em países onde até agora tem sido o orçamento público a suportar a totalidade das infraestruturas (com esta perspectiva nos Estados Unidos da América ver Winston, 1991, pp. 113-27). Como refere Wise (1996) num artigo muito recente sobre o caso português "placing projects in the private sector appears to make more sense than paying for them out of limited public founds".

Olhando para a exiguidade dos recursos previstos para vias de comunicação no Orçamento para 1996, tendo-se optado por privilegiar áreas sociais, parece-nos aliás que seria da maior oportunidade alargar de imediato a cobrança de portagens a *todas* as vias com características de auto-estradas (em *todo* o território, não apenas *fora* das áreas metropolitanas...), incluindo pois as que são exploradas pela Junta Autónoma das Estradas (JAE). Conseguir-se-iam assim disponibilidades para o lançamento de novas obras, evitando-se a crise inevitável no sector da construção, com implicações muito negativas no desemprego, e contribuir-se-ia de um modo correcto e muito relevante para o desenvolvimento do nosso país.

Estamos seguros de que um referendo nacional apoiaria claramente esta solução, votando entusiasticamente a favor mesmo quem – como é o nosso caso – é utilizador habitual de auto--estradas.

empresas com maior volume de negócios; ficando a pagar apenas as populações e as empresas de zonas menos favorecidas. Acresce que é precisamente nas áreas metropolitanas de Lisboa e Porto que as infraestruturas são mais caras, v.g. como consequência da carestia dos terrenos, dos compromissos urbanísticos já existentes ou da largura dos rios e que, sendo muito maior a circulação, as receitas obtidas teriam maior significado [48].

Trata-se além disso de áreas dotadas dentro delas de todos os apoios básicos indispensáveis e de uma grande população, sendo por consequência provável que a circulação dos cidadãos e dos agentes económicos possa ficar-lhes circunscrita; o mesmo não acontecendo com os cidadãos e os agentes das demais áreas do país, forçados a deslocar-se mais longe para obterem aquilo de que necessitam, para colocarem os seus produtos ou para prestarem os seus serviços. Mais concretamente, um cidadão ou um agente económico da cidade de Lisboa que tenha de deslocar-se num raio de trinta quilómetros nada pagará, quando um cidadão de Coimbra, inclusive com a utilização da mesma auto-estrada, já tem de o fazer para se deslocar onze quilómetros até Condeixa ou vinte quilómetros até à Mealhada (havendo naturalmente, num caso e noutro, alternativas gratuitas).

Vendo o problema numa outras perspectiva, com a maior importância para o nosso país, importará ter presente que às portagens não cabe apenas a função de contribuirem para o financiamento das infraestruturas; como qualquer preço devem ser um modo de limitar ou orientar a procura, 'desviando-a' para alternativas económica e socialmente mais aconselháveis.

Ora, parece-nos claro que só será possível resolver os problemas urbanos de Lisboa e do Porto evitando que lá afluam diariamente dezenas de milhares de automóveis. No interesse de todos, desde logo dos habitantes destas cidades, há que incentivar as pessoas que vivem fora a utilizar modos de transporte menos congestionadores, em especial o combóio e o transporte fluvial (para quem venha a Lisboa do sul do Tejo), articulados com a rede dos transportes urbanos. Mesmo para quem reside nos centros urbanos de Lisboa e do Porto será vantajoso o descongestionamento das vias periféricas e de escoamento tendo-as em melhores condições

---

(48) O favorecimento generalizado das áreas metropolitanas tem maior expressão na área metropolitana de Lisboa do que na área metropolitana do Porto, tendo a primeira 3.128 km², ou seja, mais do que quatro vezes a área da segunda, com uma distância superior a 75 quilómetros entre Setúbal e Vila Franca de Xira.
Entre as auto-estradas em exploração e em construção situa-se aliás nas duas áreas metropolitanas uma grande percentagem do total (veja-se de novo o Mapa II), por seu turno com volumes de tráfego muito acima da média nacional: o que agrava os inconvenientes de equidade e económicos referidos no texto, sendo relativamente poucos a pagar (só eles) para uma maioria favorecida.

para quando tenham mais pressa ou se dirijam e venham de destinos mais afastados [49].

Pelo contrário, com a abolição das portagens estar-se-á a dar um incentivo à entrada desnecessária de muitos milhares de veículos privados por dia, na maior parte dos casos transportando um só passageiro.... [50].

Numa lógica diferente poderá dizer-se que não é justo que paguem portagens as pessoas que têm necessidade de utilizar diariamente as infraestruturas, tendo por isso um grande ónus nos orçamentos familiares.

Temos assim uma lógica contrária ao estímulo da utilização dos transportes colectivos; mas não pode desconhecer-se que em muitos casos não podem ser inteiramente satisfatórios os serviços que estes proporcionam.

Sendo sensíveis ao problema que se levanta não podemos é compreender por que é que deve ser-se sensível a ele *apenas* nas áreas metropolitanas. Tal como muitos cidadãos têm de se deslocar diariamente entre Oeiras e Alverca muitos outros

---

(49) Trata-se de argumento muito importante, dados os volumes do tráfego, no que respeita ao atravessamento da ponte sobre o Tejo; podendo contudo dizer-se talvez que não são oferecidas alternativas grátis.
Sendo-se sensível igualmente a esta circunstância a única solução satisfatória, correspondendo aos interesses em confronto, será a de se manterem as portagens (com actualizações: ver a nota seguinte) e já agora, independentemente da circulação dos combóios, oferecer transportes colectivos – com *ferries* e autocarros – de boa qualidade e com preços que, mesmo cobrindo os custos, sejam relativamente baixos (com a isenção de portagens para transportes colectivos).
Ao maior relevo das portagens precisamente em áreas urbanas, como modo de limitar os congestionamentos, é feita referência num documento recente da Comissão Europeia (1994, p. 24): "although high fuel costs will, in the judgement of most experts, have some impact on car use, it is widely argued that they should be combined with systems of road pricing. *These need to be concentrated, above all, on urban areas*, where congestion, noise and air pollution tend to be concentrated" (itálico nosso).
Trata-se de uma recomendação que correctamente aponta, pois, na direcção oposta à que infelizmente está a ser seguida em Portugal....
Podendo argumentar-se ainda que será aceitável a limitação dos veículos privados *quando* houver transportes colectivos eficientes, há que responder que o próprio excesso dos primeiros é uma razão decisiva de impedimento de uma maior eficiência dos segundos. A par das melhorias em curso de grande envergadura (v.g. com a extensão do metropolitano de Lisboa e com a construção do metropolitano do Porto), importa que um imediato descongestionamento das artérias permita uma indispensável maior fluidez dos transportes públicos de superfície.

(50) Não tem por outro lado sentido ir isentando os diferentes troços consoante vão estando pagos. Para além da razão de descongestionamento e qualidade de circulação que assinalámos no texto, quem teve os troços construídos primeiro teve um benefício há mais tempo para o qual contribuiram igualmente, com os apoios estaduais, os demais cidadãos do país. É por isso justo que continue a pagar agora, contribuindo para que o mesmo tipo de benefício seja estendido igualmente a outras regiões.
No caso da ponte sobre o Tejo a par da primeira destas razões são de referir as despesas de conservação que requer, agravadas à medida que os anos vão passando (o orçamento de pintura

têm de o fazer entre Braga e Famalicão ou entre Coimbra e Pombal, não se vendo por que razão devam ser menos atendidos os problemas orçamentais e sociais deste últimos, além da 'razão' formal de não terem a sorte de ser das áreas metropolitanas.

A única solução aceitável será, também aqui, uma solução que não discrimine entre os cidadãos portugueses: com um sistema de compra de passes mensais (ou qualquer outro que proporcione reduções aos grandes utilizadores), mas obviamente passes a que tanto possam ter acesso utilizadores de troços das áreas metropolitanas como utilizadores de troços de outras zonas (menos favorecidas) do país.

Como único argumento merecedor de alguma consideração para a não aplicação de portagens nas áreas metropolitanas (v.g. de Lisboa e do Porto) poderia dizer-se que o grande fluxo de trânsito aí verificado provocaria demoras exageradas aos cidadãos (não se pensando nas demoras que há também em outras áreas do país, a acrescer às distâncias mais longas a percorrer...).Trata-se todavia de argumento que cai por terra com o êxito do sistema de Via Verde utilizado nas auto-estradas concessionadas à BRISA [51] e a instalar nas pontes sobre o Tejo. Não há com ele demora quase nenhuma, os veículos passam quase sem abrandar a velocidade, podendo aliás, se tal se revelar necessário, instalar-se mais do que uma Via Verde em qualquer passagem.

Conforme referimos na nota 21, a criação de áreas metropolitanas tem sem dúvida o maior sentido como modo de articular e racionalizar as intervenções em municípios vizinhos, no seu interesse e no interesse do país. Mas não pode aceitar-se que, acumulando-se com outras circunstâncias, acabem por se revelar basicamente como um pretexto para a existência em Portugal de situações de 'eleição', distinguindo-se 'cidadãos de primeira' de 'cidadãos de segunda', consoante se tenha ou não a sorte de nelas viver ou nelas exercer actividade: mais concretamente, criando-se situações de favor para uns à custa de sacrifícios maiores para outros e com prejuízos ao fim e ao cabo para a generalidade do país.

e) Por fim, não deixamos de referir ainda um quinto caso (infelizmente muitos outros poderiam ser acrescentados) [52] de aplicação de critérios diferentes: o da autorização de estabelecimentos privados de ensino superior.

---

foi de 7 milhões de contos em 1992 e os custos de manutenção de meio milhão em 1993). Trata-se de razões que explicam que continue a haver portagens, com actualizações regulares, por exemplo nas pontes de Nova Iorque e S. Francisco, contruídas há várias décadas.

(51) Em Dezembro de 1995 tinha já mais de 230 mil aderentes, entre eles mais de 50% dos automobilistas que passam em Carcavelos e Queluz, 41% em Oeiras, 27% em Ermesinde, 25% em Alverca e 20% em Grijó.

(52) Durante vários anos foi factor de desigualdade inaceitável que as derramas revertessem para os municípios da sede das empresas quando por razões de equidade, económicas e ambientais só

Depois de uma época de liberalização talvez demasiada o Governo português passou a ter uma maior exigência na abertura de novas universidades e novos polos. Trata-se de política correcta que todavia não pode cercear uma indispensável ampliação do ensino privado de boa qualidade, não se compreendendo, por razão nenhuma, o relevo exagerado que o ensino público continua a ter, onerando desnecessariamente o Orçamento com verbas indispensáveis ou mais úteis noutras aplicações (v.g. em serviços sociais, de saúde ou assistência, onde não pode dexar de ser o Estado a intervir) e não tendo condições, com o excesso de alunos, para que se consiga uma melhoria indispensável da sua própria qualidade.

Ao que se assistiu todavia nos últimos seis anos, sem explicação, foi a um cerceamento drástico na criação de novas unidades de ensino privado, com a aprovação apenas de uma nova universidade, em Lisboa, e de dois novos polos, um deles no Porto: ou seja, verificando-se o reforço da enorme concentração existente já nestas duas cidades, onde por outro lado foi sendo alargado o número de vagas nos estabelecimentos existentes.

Assim se contribuiu para o agravamento da situação actual, passando a residir aí ou afluindo aí diariamente muitas pessoas que poderiam dispor em outras localidades de um serviço da mesma qualidade (segundo uma referência que tivemos frequentam estabelecimentos de Lisboa mais de 70.000 estudantes de outras origens). Em relação a Coimbra, estando 'congelada' a aprovação de projectos que dão as melhores garantias de qualidade (com a abertura a áreas tecnológicas, infelizmente não verificada na generalidade dos demais casos...), assiste-se diariamente à situação caricata de se deslocarem a Lisboa e ao Porto, talvez nos mesmos combóios ou nos mesmos 'expressos' e para participarem nas mesmas aulas, docentes e alunos que poderiam ter os seus interesses plenamente correspondidos sem incómodos e despesas pessoais e sem contribuirem para o congestionamento das áreas metropolitanas (mesmo da parte do Estado, portanto com acréscimo de encargos orçamentais, ainda agora se anuncia a criação de mais uma Faculdade de Direito em Lisboa, na Universidade Nova; será a sétima Faculdade de Direito dessa cidade, havendo 5 no Porto...)

---

tem sentido que revertam para os concelhos onde é exercida a actividade (onde o rendimento é gerado). Sendo a maioria das sedes das grandes empresas em Lisboa e Porto revertiam fundamentalmente para estes municípios, mesmo estando aqui apenas pequenos escritórios, e nada revertia por exemplo para o município onde estivesse em funcionamento uma grande fábrica de celulose, poluidora e carecendo de diferentes apoios autárquicos (ver Porto 1988a). Trata-se de distorção que foi todavia corrigida pela Lei nº 2/92, de 9 de Março, e pelo Decreto-Lei nº 37/93, de 13 de Fevereiro, voltando-se ao sistema correcto do 'velho' imposto de comércio e indústria.

(52-a) Quando é referido na imprensa que não será dada 'luz verde' a uma candidatura privada de Coimbra que dava todas as garantias...

4.4. A desconcentração de serviços e a descentralização

Depois, retomando uma linha para a qual apontavam correctamente relatórios dos anos 60 [53], importa que em vez da estratégia de bipolarização que está a ser seguida se promova uma melhor intervenção, articulada, da globalidade da rede urbana nacional: conseguindo-se uma melhor utilização da generalidade dos recursos do país, v.g. só assim sendo possível aliviar e valorizar as áreas metropolitanas de Lisboa e Porto, ficando com condições mais favoráveis para o desempenho das funções que devem caber-lhes.

a) A desconcentração

Uma primeira via em tal sentido, de grande relevo, consistirá na desconcentração dos serviços públicos, desdobrando-os até níveis mais próximos dos cidadãos, até ao ponto em que tal não seja desaconselhável por razões de economias de escala. Importa inverter, pois, a política a que infelizmente se assistiu nos últimos anos, com o encerramento de serviços de grande relevo para um desenvolvimento equilibrado do país [54].

Com a maior proximidade dos serviços há uma maior flexibilidade e um melhor ajustamento aos problemas a resolver, explicando a maior eficiência e a melhor qualidade conseguidas; ao que acresce o estímulo da eficiência que a concorrência pode proporcionar [55].

---

(53) Do início do planeamento regional em Portugal, com uma preocupação correcta de equilíbrio e hierarquização dos centros urbanos.
(54) Referimo-lo já atrás, em 3.2.c. Um exemplo negativo paradigmático é o do encerramento de alguns GAT's do interior, de pequeno custo orçamental (repartido com as Câmaras) e que, com os serviços prestados, contituiam um factor de valorização das áreas de actuação (com a fixação de engenheiros, arquitectos, desenhadores, topógrafos, economistas e outros técnicos).
(55) Conforme sublinhámos em trabalhos anteriores não se trata de criar ou manter serviços ineficientes, talvez subutilizados (sem escala suficiente), com prejuízos de ordem geral. Pelo contrário, o que está em causa, nos domínios do apoio científico e tecnológico, da formação profissional, da educação, da saúde, da justiça e na generalidade dos demais é proporcionar, com uma dimensão adequada, condições idênticas às que são proporcionadas em Lisboa ou em algum outro centro.
Trata-se de preocupação que tem de passar a estar especialmente presente no nosso país, sendo inaceitável o esvaziamento de centros urbanos intermédios por parte de serviços públicos (incluindo serviços proporcionados por empresas públicas) com a invocação da melhoria dos transportes e comunicações de ligação a Lisboa (ou talvez ao Porto ou a outras capitais de distrito). O exemplo estrangeiro, que, sem termos de o imitar, é bom conhecermos, será só por si esclarecedor da política que deve ser seguida, com a manutenção de uma capacidade de

A concorrência é estimulante quando se verifica nas mesmas áreas geográficas, com os consumidores a expressar o seu juízo valorativo determinante através das escolhas feitas. Mas mesmo tratando-se de serviços prestados em âmbitos geográficos diferentes será possível estabelecer confrontos entre o custo e o valor das prestação de instituições congéneres, desde hospitais a centros de apoio à terceira idade, numa 'regulação por comparação' que constitui também um estímulo à concorrência salutar que importa promover (sendo indispensável um conhecimento completo e rigoroso desse custo e desse valor).

Importa todavia que as autoridades tirem as consequências devidas das comparações feitas, promovendo uma maior racionalização face aos dados de que dispõem. A título de exemplo poderíamos citar casos de estabelecimentos de ensino (faculdades) ou hospitais que, de acordo com os indicadores relevantes (os racios de alunos, de doentes atendidos ou ainda por exemplo de camas relativamente aos recursos disponíveis), têm custos de funcionamento muito mais elevados em Lisboa do que em outras cidades, numa linha que só pode ser explicável pela proximidade do poder de decisão. Mas em lugar de se tirarem ilações construtivas da desigualdade existente, promovendo-se, com benfício para todos, uma maior eficiência geral, infelizmente a prática portuguesa tem sido sempre de manter ou reforçar na mesma percentagem o orçamento do ano anterior: não havendo por isso estímulo nenhum a que seja aumentada a eficiência nas instituições comparativamente mais dispendiosas [56].

Por razões de transparência e podendo 'ajudar' as autoridades a vencer as pressões que pesam no sentido de se manterem ineficiências importa que a comparação possa ser feita não só por elas como também pela opinião pública em geral: com uma divulgação ampla dos resultados de todos os serviços públicos (actualmente é muito difícil serem conhecidos mesmo por quem neles trabalha).

Não sendo possível ou aconselhável, por razões de escala, que haja decomposições em alguns sectores ou instituições importa por seu turno começar a dar passos

---

resposta suficiente a nível regional (não se tornando necessário, salvo em casos excepcionais, a deslocação das pessoas – vg. consumidores e empresários – às grande metrópoles).

Um caso de concentração, a par de muitos outros, é o dos cuidados de saúde, havendo na Região de Lisboa e Vale do Tejo (sendo a concentração fundamentalmente na área metropolitana) 3,5 médicos e 3,7 enfermeiros por mil habitantes, quando os valores para o conjunto do país são 2,9 e 3,2, respectivamente, sendo mais baixos em todas as demais regiões (INE, 1995b, com dados de 1993). Mas os exemplos poderiam multiplicar-se, desmentindo a 'ideia feita' das economias de escala e externas que deveriam ser conseguidas com a concentração da população.

(56) Como exemplo positivo de concorrência estimulante, com o conhecimento recíproco dos custos e do valor dos serviços proporcionados, pode ser citado de novo o exemplo dos GAT's, não obstante terem 'mercados' rigidamente separados, com a prestação de serviços a autarquias diferentes.

no sentido de localizar em outras cidades instituições de âmbito nacional. Depois de ao longo de tantos anos e em tantos casos termos copiado da França a experiência negativa da estrutura centralizada da sua administração será ocasião de copiarmos as medidas positivas de sentido contrário que têm vindo a ser concretizadas aí, como são os casos das transferências recentes para outras cidades de serviços tradicionalmente sediados em Paris: a Escola de Saúde Pública e a Escola Superior de Electricidade para Rennes, a Escola de Magistratura para Bordéus, a Escola Superior de Aeronáutica para Toulouse, a Escola de Impostos para Clermont--Ferrand, a Escola da Marinha Mercante para o Havre, a Escola Normal Superior de St. Claude para Lion, ou ainda parte da Escola Nacional de Administração para Estrasburgo, apesar das resistências levantadas.

Não temos conhecimento de nenhum caso paralelo no nosso país, continuando a ser raríssimos os casos de instituições nacionais já anteriormente sediadas fora de Lisboa; seguindo-se assim uma linha, pois, que além de não contribuir para um maior equilíbrio e uma maior racionalidade em nada contribui para reforçar os laços de participação, responsabilização e coesão nacionais [57]. Pelo contrário, do que temos conhecimento pessoal é de exemplos – poderíamos citá-los – de instituições da província que estão permanentemente sob a ameaça de encerramento e transferência para Lisboa.

Com especial relevo é de assinalar a concentração em Lisboa das instituições públicas de apoio científico e tecnológico (são dispendidas aí 66,7% das verbas do sector, quando o distrito de Lisboa contribui com 24% do VAB da indústria nacional)[58]

---

(57) Levando antes, compreensivelmente, a sentimentos de alheamento e desmotivação, além dos prejuízos de equidade e eficiência que temos vindo a sublinhar.
De um modo muito veemente não pode deixar de rejeitar-se a ideia por vezes afirmada de que uma instituição, por ser de âmbito nacional (e não por qualquer razão substancial) deve estar na capital: procedendo-se a uma discriminação injustificável num território e em relação a cidadãos que são por igual partes integrantes (e contribuintes...) da nação.
Mais uma vez aqui poderiam ser referidos os exemplos de trás, da Holanda, da Alemanha e da Suíça, com grande parte das instituições nacionais localizadas em diferentes cidades (o próprio Tribunal Constitucional, no caso da Alemanha).

(58) Ver o Mapa IV. Este mau exemplo português é 'distinguido' por Leygues (1994, p. 54). Em lugar de uma repartição mais de acordo com a procura – com as vantagens de adequação dos serviços e cobertura dos custos pela iniciativa privada que foram sublinhadas no final de 3.2.d – assiste-se além disso aí à sobreposição de instituições da mesma índole (laboratórios, parques tecnológicos ou outras), quando seria mais barato e recomendável ampliar e melhorar o funcionamento de instituições já existentes que, alegadamente, não estarão a dar a resposta que deveria ser dada.
Na implantação de instituições desta índole será de referir igualmente o esforço de desconcentração geográfica que a França está a fazer, com diferentes 'centros de excelência' na província, v.g. sendo a muitas centenas de quilómetros de Paris o maior parque científico e tecnológico de que dispõe.

e do poder de decisão bancário [59], duas áreas de intervenção que, sendo desconcentradas, em muito poderiam contribuir para um maior equilíbrio no nosso país.

b) A descentralização

Além da desconcentração, com a localização regional e local de departamentos públicos, parece-nos que um maior equilíbrio só será conseguido com um aumento da participação autárquica em Portugal: reforçando-se os argumentos de flexibilização, ajustamento e concorrência referidos há pouco para a desconcentração [60].

Continuamos convencidos de que razões económicas (não havendo felizmente, com a nossa tradição de unidade, pressões políticas em tal sentido!) aconselham a criação de regiões, nos termos definidos na Constituição: com ampla participação municipal e estruturas levíssimas (com base no que já existe), mas constituindo uma escala mais adequada para algumas acções básicas de desenvolvimento [61].

Não sendo criadas (ou enquanto não forem criadas) [62] poderá caber aos municípios, individualmente ou agrupados, grande parte da dinâmica indispensável

---

(59) Os projectos apresentados de criação de Sociedades de Desenvolvimento Regional foram sendo sucessivamente 'esquecidos', segundo julgamos com uma única excepção. Depois, o PEDIP poderia ter sido ocasião para uma maior abertura a nível regional, não tendo ficado confinadas a Lisboa e ao Porto as instituições de apoio financeiro criadas no seu âmbito (o NORPEDIP e o SULPEDIP).

(60) Ver Antunes e Gaspar (1986).

(61) Ver por exemplo Porto (1982 e 1985). Também aqui, designadamente no que respeita à leveza da estrutura regional, não prejudicando em nada o poder central, pelo contrário, aliviando-o e complementando-o, será de seguir o bom exemplo da regionalização da França (segundo dados que nos foram referidos levou a uma diminuição de 1% nas despesas públicas correntes).

(62) É de prever que o sejam agora, constituindo uma das promessas principais do programa eleitoral do Partido Socialista. Trata-se aliás de concretizar algo que é determinado pela Constituição (havia era uma falta no seu cumprimento, desde há quase duas décadas), pelo que não vemos razão, também por esta razão, para que se considere uma promessa de segunda ordem, com um compromisso de cumprimento menor do que em relação à generalidade das demais.
Igualmente por isso não concordamos com a defesa, só para este caso, de um referendo nacional. Não tendo havido referendo para a instituição das áreas metropolitanas poderiam aliás as populações destas áreas mais favorecidas e mais populosas do país não ver com bons olhos uma repartição mais equilibrada dos recursos nacionais; não podendo por isso um referendo, a ser feito, deixar de considerar igualmente a manutenção das áreas metropolitanas.... É importante sublinhar de qualquer modo que a própria Constituição faz depender "a instituição em concreto de cada região administrativa" "do voto favorável da maioria das assembleias municipais que representam a maior parte da população da área regional" (artº 256º).
Mesmo sob pena de se comprometer o objectivo que está em causa não pode contudo caminhar--se para a regionalização sem a ponderação devida. Por um lado terá de ficar assegurado, na linha desejável para que aponta a Constituição, que seja feita com estruturas leves (bastarão os efectivos dos ministérios já hoje desconcentrados a nível regional), muito ligadas aos municípios

para que se consiga um maior equilíbrio espacial e um melhor aproveitamento dos recursos do nosso país (em especial através dos Conselhos das Regiões).

Para tal, sendo embora muito sensíveis às necessidades do Estado, não podemos deixar de ser sensíveis às indicações das nossas estatísticas, mostrando a debilidade dos recursos do poder local português: sendo feitas por ele uma percentagem muito pequena das despesas públicas totais, sem paralelo nos demais países da União Europeia (sequer no Luxemburgo) [63].

Poderia pensar-se que a intervenção estadual seria redistributiva, promovendo um maior equilíbrio, que não seria conseguido com a participação autárquica. Sem prejuízo da proximidade, da flexibilização e do empenho que esta pode proporcionar, levando por isso a uma melhor afectação dos recursos nacionais, face às diferenças de recursos entre as autarquias caberia ao poder central uma tarefa redistributiva, promotora de uma maior equilíbrio [64].

Parece-nos que a realidade é todavia bem diferente, mostrando-nos a experiência, nos países capitalistas tal como nos países socialistas, que o centralismo tende a acentuar-se a si mesmo, por razões que a teoria económica da política veio explicar

---

e levando a uma diminuição geral do peso da administração pública portuguesa; e por outro lado – o que aponta aliás no mesmo sentido – importa que tenham a dimensão bastante para serem espaços auto-sustentados, de pouco ou nada se beneficiando se se tratar de espaços débeis que tenham de continuar numa grande dependência do poder e das instituições centrais. É óbvio que não preenchem infelizmente estes requisitos básicos os projectos de divisão regional do PS e do PCP, com um grande número de pequenas regiões, o que obrigará a uma multiplicação de novas estruturas e a que não venhamos a ter regiões capazes de compensar a força polarizadora das áreas metropolitanas (mesmo de áreas de Espanha, em relação às pequenas regiões do interior). É de recear pois que se acentuem inclusivé os desequilíbrios de polarização (com a excepção do êxito assinalável do Algarve, onde aumentou também a população entre os dois censos) patenteados nos mapas que vimos atrás, em especial no Mapa I. É designadamente de lamentar que a Região das Beiras (a Região Centro), não sendo reconhecida e tendo o seu território tripartido, perca a possibilidade de constituir uma alternativa de desenvolvimento às polarizações de Lisboa e do Porto (v.g. com base na rede equilibrada dos seus centros urbanos). Com a fragmentação prevista a Beira Litoral (que começa em Espinho, na área metropolitana do Porto) será polarizada pela 'capital do norte', a Extremadura e Ribatejo (indo até Condeixa...) será polarizada por Lisboa e a Beira Interior se-lo-á ainda em grande medida por Espanha (cfr. Oliveira, 1996, v.g. pp. 71, 85-8 e 178).

Com efeitos favoráveis a curto prazo e preparando as coisas para o futuro deveria ter-se caminhado de imediato para a desconcentração de todos os serviços públicos relevantes para o mesmo âmbito geográfico, para uma boa articulação entre eles e para o aumento do protagonismo dos Conselhos das Regiões das Comissões de Coordenação, legitimados com a força autárquica dos representantes dos municípios que os integram (na linha do que se diz a seguir no texto).

(63) E devendo continuar a verificar-se a situação, que constatámos há alguns anos, de haver uma correlação significativa e positiva entre o grau de desenvolvimeno dos países, avaliado pelo PIB *per capita*, e o grau de descentralização, medido pela referida percentagem das despesas públicas feitas a nível local (Porto, 1980).
(64) Cfr. Musgrave e Musgrave (1989, cap. 24).

de um modo bem claro nos anos mais recentes [65], e contribuir para a acentuação dos desequilíbrios.

Uma implicação muito próxima do centralismo é o reforço das oportunidades que cria junto de si, v.g. em gabinetes de projectos e em tantos outros domínios relevantes para o desenvolvimento.Já os municípios e outras entidades sediadas localmente, tendo meios para o fazer, tenderão antes a dar vida a gabinetes locais, fortalecendo-se de um modo significativo o tecido técnico do país [66]. Não é de esperar que tal aconteça (não tem de facto acontecido), com os serviços da administração central, dando oportunidades quase apenas a gabinetes que lhes estão próximos, geograficamente e a outros propósitos.

4.5. A desburocratização

Para além da desconcentração e da descentralização, e na mesma lógica, assumirá um grande relevo tudo o que for feito – e há de facto ainda muito a fazer – no sentido de aliviar a intervenção pública em Portugal.

Com este alívio há uma redução das despesas orçamentais e uma maior eficiência, evitando-se custos da burocracia.

---

(65) Além da pressão dominante da burocracia, a partir de determinado momento a própria concentração da população no(s) grande(s) centro(s), levando a uma maior representação parlamentar e política, acaba por conduzir no mesmo sentido: ficando já em minoria, ou pelo menos tendo um peso muito menor, quem em 'representação dos interesses' dos seus eleitores defende um maior equilíbrio regional.

No caso português, sendo de esperar que defendam as áreas metropolitanas fundamentalmente os deputados dos distritos de Lisboa, Setúbal e Porto, constata-se que representam actualmente 49,1% da população, quando representavam 35,6% em 1961 e 45,9% em 1981: sendo daí 113 dos 230 deputados da Assembleia da República, bem como – é de acrescentar – as figuras nacionais que encabeçam muitas das listas distritais dos partidos e, com maior relevo, a generalidade dos membros do Governo. A situação será agravada se na revisão constitucional vier a ser seguida a sugestão de haver um circulo nacional, por certo integralmente ou quase integralmente constituido por figuras das áreas metropolitanas, em especial de Lisboa.

Sobre o papel da própria imprensa, dando compreensivelmente um relevo primordial a estas áreas, onde está a maior parte dos leitores e ouvintes, ver Porto (1996).

Nas palavras optimistas de Monod e Castelbajac (1994, p.46), "ce que la centralisation a fait, elle seule peut le défaire". Os exemplos conhecidos, do nosso país e do estrangeiro, mostram todavia que não o faz, só a descentralização podendo levar a um maior equilíbrio das economias nacionais.

(66) Sendo mais ajustado às circunstâncias e tendo um acompanhamento permanente o serviço que é proporcionado (sobre a experiência francesa também a este propósito ver Gaudin, 1993, pp. 34-40).

Para além disso a necessidade de ultrapassar dificuldades burocráticas tem sido em Portugal um factor grave de centralização, obrigando os agentes económicos e outros cidadãos a deslocar-se onde as decisões são tomadas e, com maior significado, levando-os a localizar aí os seus investimentos, como forma de com maior facilidade e maior probabilidade de êxito exercerem a influência que se torna necessária.

Com a desconcentração e com a descentralização, valorizando outros centros, deixará de verificar-se a concentração geográfica num único centro de decisão. Mas a desburocratização levará a que não se tenha de acorrer mesmo às demais cidades, permitindo uma cobertura do território ainda mais eficiente, com a implantação das empresas e dos cidadãos inclusivamente nos meios rurais [67].

Também aqui não se trata de sonhar com algo de utópico, basta olhar para o que se passa nos países mais eficientes da Europa, onde há por isso em boa medida uma localização equilibrada das actividades e dos cidadãos, constituindo um elemento insubstituível de bem-estar e valorização de áreas que de outro modo ficariam despovoadas.

4.6. Um sistema de incentivos ao desenvolvimento promotor de um maior equilíbrio

Um papel importante para que se consiga um melhor ordenamento do território poderá e deverá caber também ao sistema de incentivos de base regional.

Na lógica que temos vindo a defender não pode tratar-se de dar incentivos a unidades ineficientes, o que não teria sentido num mundo de abertura onde todas têm de ser concorrenciais. Trata-se, isso sim, de promover a implantação de unidades que poderão ter dificuldades no início mas que com o tempo, v.g. aproveitando as condições locais, serão capazes de singrar depois pelos seus próprios meios.

Sendo um sistema de base regional deve ter-se uma atenção especial por se tratar de áreas com atrasos estruturais mas perspectivas de desenvolvimento, justificando-se por isso um favorecimento maior; conjugando-se este maior favorecimento

---

[67] Vimos atrás (em 4.3.b) o juízo negativo que deve ser feito pelo facto de os grandes 'projectos nacionais', localizados em Lisboa, não estarem sujeitos às exigências burocráticas comuns à generalidade dos projectos do país; quando teriam por certo muito maiores facilidades na ultrapassagem das dificuldades legais.

com a promoção destas áreas, tornando-as competitivas, numa lógica que pode ser correctamente designada como 'argumento das regiões nascentes' [68].

Contudo, quando seria de esperar que em Portugal, tal como nos demais países, fosse esta (apenas esta) a lógica seguida, no sistema especialmente dedicado à promoção do desenvolvimento regional (o SIBR) foi considerada como área privilegiada de apoio – na categoria III, com a pontuação máxima, tal como o interior mais desfavorecido – cerca de metade da própria área metropolitana de Lisboa, mais concretamente todos os concelhos localizados na península de Setúbal (onde aliás, como vimos atrás, se tem verificado a maior atracção populacional do país).

Além de se ter contribuido assim decisivamente para que a fábrica Ford-Volkswagen fosse instalada em plena área metropolitana da capital [69], a razão alegada para considerar os concelhos referidos na categoria III foi a de haver aí um nível elevado de desemprego.

É todavia duvidoso, conforme a experiência anterior já havia mostrado e a experiência recente veio apenas confirmar, que o problema em causa possa ser resolvido com um investimento muito capital-intensivo e ocupando pouca mão-de-obra; continuando aliás a área de Setúbal, apesar do desemprego já existente, a ser a área de maior atracção de população do país, acumulando-se as dificuldades sentidas[70].

---

(68) Numa aplicação do 'argumento das indústrias nascentes', com as mesmas justificações, as mesmas condições (os mesmos 'testes') e o mesmo tipo de intervenção (ver Denton, 1972, p. 25 e Armstrong e Taylor, 1977, p. 189).

(69) Não pondo em causa o interesse do projecto e esperando que sejam cumpridas as expectativas criadas, discordamos abertamente da sua localização geográfica, em plena área metropolitana de Lisboa (bem como do nível da participação pública nacional e comunitária, sendo sempre de desejar um esforço financeiro das próprias empresas, em especial tratando-se de empresas estrangeiras, sob pena de abandonarem o país de um momento para o outro; o exemplo recente da Renault não pode deixar de ser lembrado, juntando-se infelizmente a muitos outros, do nosso país ou por exemplo da Irlanda.).

Curiosamente tinha havido preocupação com um correcto ordenamento do território quando da implantação das primeiras fábricas de montagem de automóveis em Portugal, tendo a legislação de 1961 e 1972 impedido que se implantassem a menos de 50 kms dos munícipios de Lisboa e do Porto, o que em nada afectou a sua produção. Os responsáveis da Ford-Volkswagen teriam aceitado uma limitação desta índole, acabando por ganhar todos com uma localização mais corrrecta.

(70) Cai-se assim aqui na lógica do modelo de Harris e Todaro (1970), elaborado – o que não nos é lisongeiro – tendo em vista a experiência de países da Africa tropical: sendo a população dos meios rurais atraída para zonas urbanas com desemprego na expectativa da obtenção de uma remuneração média entre os altos salários aí pagos e a situação de nada ganhar (no desemprego, que vai por isso engrossando).

Para a atracção da população à península de Setúbal terão contribuido as condições de habitação social especialmente favoráveis que têm vindo a ser proporcionadas há décadas, numa tradição de apoio mais favorável do que na generalidade do país que, como se viu atrás (em 4.3.a), tem sequência agora com o programa de eliminação de barracas.

A única solução realista não pode deixar de passar pelo alívio deste fluxo, com a dinamização também de outros pólos no país, e pelo estímulo na península de Setúbal a uma maior participação empresarial da sociedade civil, conducente à criação de um tecido de empresas de pequena e média dimensão muito mais criadoras de emprego (tal como acontece no norte e no centro do nosso país, muito menos beneficiados com apoios públicos e tendo contudo muito menos desemprego).

Por outro lado o PEDIP, com o peso dado a critérios de inovação tecnológica, privilegiou os projectos apresentados por empresas (alguma públicas) localizadas junto dos grandes centros, onde estão as instituições e os quadros que lhes dão apoio.

Os sistemas de incentivo têm dado assim um contributo de grande relevo para o desequilíbrio verificado na localização dos investimentos, reforçando a concentração e ainda em geral o desequilíbrio entre o litoral e o interior: tendo o privilegiamento regional da área de Setúbal contribuido em grande medida para que a capitação do FEDER (182 contos) tivesse sido a mais elevada do continente português no I Quadro Comunitário de Apoio (1988-93), mais de duas vezes e meia superior à de Trás-os-Montes (ver *infra* o Mapa VII).

4.7. Uma política de investimentos públicos promotora de um maior equilíbrio

Igualmente aqui seria de esperar nos valores *per capita* um favorecimento maior das áreas mais atrasadas, podendo aliás a concentração de pessoas nos grandes centros proporcionar economias de escala nas infraestruturas a implantar e nos serviços a prestar.

Não é todavia o que está a acontecer, como pode ser ilustrado por exemplo com os dados regionalizados [71] do PIDAC de 1995 [72] (Mapa VI, cfr. os valores no Quadro A-3).

---

(71) Não nos parece que fossem mais favoráveis os resultados a que se chegaria com o conhecimento da localização dos investimentos não regionalizados, geralmente investimentos 'nacionais' que na melhor das hipóteses terão tido uma repartição semelhante à dos que foram considerados. As capitações dos quadros que se seguem foram apuradas com base nos dados da população residente do último Recenseamento Geral da População, de 1991 (INE).

(72) Há naturalmente variações de ano para ano, v.g. de acordo com o estado de adiantamento de obras de maior vulto: podendo por isso um distrito ter menos investimentos porque estão concluídas determinadas obras proporcionadoras de um benefício que não tem já correspondência temporal com os investimentos em curso. Mas não julgamos que o figurino geral na geografia

Mapa VI - PIDAC (contos). Capitação por Distrito

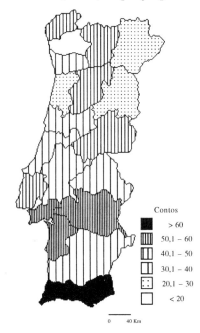

Encontramos as capitações maiores em Faro, Setúbal, Beja, Castelo Branco, Viana do Castelo e Lisboa e as mais baixas em Braga, Guarda e Vila Real.

Em termos mais agregados constata-se que nos três distritos das áreas metropolitanas, Setúbal, Lisboa e Porto, foram feitos 53,1% dos investimentos totais, quando está aí 49,1% da população continental (39,6% nas áreas metropolitanas, onde se concentra a grande maioria dos investimentos). Há assim um favorecimento relativo da sua situação, tendo designadamente em conta as economias de escala existentes, com uma população maior a dispôr a curta distância dos serviços de que necessita (universidades, hospitais, serviços de apoio económico, etc.). Mas o desequilíbrio referido ficou a dever-se aos distritos de Lisboa e Setúbal [73], com 29,5% da população e 37,8% das verbas do PIDDAC; estando os valores do distrito do Porto já abaixo da média nacional.

---

do país, ao longo dos anos, difira muito no que respeita às tendências do investimento público. Sobre a probabilidade de ser também regionalmente desequilibradora a intervenção das empresas públicas ver Porto (1988b).

(73) Em especial a este último, estando contudo a capitação de Lisboa também muito acima da média nacional e sendo de esperar que nos próximos anos o desequilíbrio seja acentuado com os investimentos ligados à EXPO-98.
Assim acontecerá devido a um tipo de iniciativa que se tem saldado por assinaláveis insucessos financeiros (casos das Exposições de Sevilha e de Génova, tendo esta última sido igualmente um insucesso promocional), compreendendo-se por isso que tenha havido desinteresse ou

Por áreas geográficas regionais verifica-se que a capitação dos cinco distritos da Região Norte foi de 28,7 contos, a dos seis distritos do Centro de 32,5, a dos três distritos da Região de Lisboa de 45,8, a dos três distritos do Alentejo de 42,8 e a do único distrito do Algarve, de 67,4 [74].

---

desistência mesmo de países mais ricos do que o nosso (caso da Áustria em relação a uma exposição que poderia ter organizado em Viena).
Dado o ponto a que já se chegou importará agora minimizar as despesas, atenuando na medida do possível os custos que vão ser impostos à população portuguesa (que está aliás já a suportá--los, em termos de oportunidades alternativas: veja-se o que diremos no final de 4.8.b.).
Trata-se de oportunidades alternativas que não podem aliás deixar de ser consideradas em qualquer análise económica, social e financeira da EXPO/98, não podendo ficar-se limitado à consideração dos valores aqui previstos (de investimento, contributo para o crescimento do PIB, promoção do turismo, obtenção de divisas, ou qualquer outro). Importará sempre saber se seriam mais ou menos favoráveis os efeitos conseguidos com uma utilização mais equilibrada no território dos meios avultadíssimos nela utilizados (apenas a título de exemplo, se não teria sido preferível investir nas ferrovias nacionais os mais de 80 milhões de contos afectados à Gare do Oriente e à extensão do metropolitano que vai servir a EXPO, ficando por outro lado por apoiar em todo o país inúmeros projectos relevantes de reestruturação industrial); e devendo em última análise entrar-se ainda em conta, na linha da preocupação básica deste artigo, com as deseconomias externas do aumento da macrocefalia que, com sua dimensão, vem agravar em Portugal.
Num estudo feito pela Universidade Católica Portuguesa e pelo Departamento de Prospectiva e Planeamento do Ministério do Planeamento e Administração do Território (com resultados que aliás, de acordo com o *Semanário* de 16.3.1996, sucitariam dúvidas no Ministério) causa--nos grande preocupação a previsão da criação de 156 mil postos de trabalho até 2010, em especial 48 mil no ano do certame, sendo de perguntar se poderão manter-se depois do seu encerramento (4 meses depois) sob pena de ficar em aberto mais um grave problema social que nos tocará a todos (v.g. no que respeita à integração de imigrantes que estão a participar nas obras).
Admitindo que se tivesse justificado a realização de uma EXPO ficará a dúvida sobre se não deveriam ter sido acolhidas duas sugestões feitas oportunamente: uma delas no sentido de, com uma dimensão muito menor e custos muitíssimo mais baixos, se ter realizado em Belém, num quadro histórico e monumental incomparável (que pode distinguir-nos, de forma alguma o dinheiro...) e aproveitando infra-estruturas existentes, como o Centro Cultural de Belém e a Docapesca (tendo designadamente em conta que numa exposição como a de Lisboa , 'Exposição Mundial', diferentemente do que se passou com a de Sevilha, 'Exposição Universal', tem de ser o país organizador a pagar todos os pavilhões); e a outra no sentido de constituir uma oportuni-dade para se promover todo o nosso país, sendo a EXPO uma 'Porta para conhecer Portugal'. A exemplo do que se faz em outros países (por exemplo as Europálias não se confinam a Bruxelas, apesar da bem menor dimensão da Bélgica), podiam ter-se promovido pólos de atracção e eventos em outras cidades: levando a uma maior demora e a uma maior receita proporcionada pelos estrangeiros que venham visitar-nos e atenuando-se os custos económicos e políticos dos desequilíbrios que está a causar (podendo passar a constituir, pelo contrário, um factor de empenhamento e aproximação entre os portugueses).

(74) Podendo distinguir-se no Norte e no Centro distritos do litoral e distritos do interior, constata--se que num e noutro caso foram maiores as capitações do interior: no Norte foi de 32,3 nos dois distritos do interior e de 28,2 nos três do litoral; e no Centro de 39,7 nos três do interior e de 28,7 nos três do litoral.

Há assim de um modo geral um claro favorecimento do 'sul' (incluindo Lisboa) relativamente ao 'norte' (incluindo o centro), para o qual não encontramos razões justificativas de ordem social ou económica (v.g. na linha de reforço da competitividade que privilegiamos neste estudo).

4.8. Uma preocupação regional maior na aplicação dos fundos estruturais

a) O I Quadro Comunitário de Apoio (1988-93)

Trata-se de análise ligada ao que vimos nos dois números anteriores, tendo os fundos estruturais em grande medida complementado – de acordo com a regra da adicionalidade – os fundos afectados ao sistema de incentivos ao investimento privado e ao investimento público em Portugal. A sua repartição geográfica dependeu portanto em grande medida das regras e das opções seguidas a tais propósitos.[76]

Distinguindo cada um dos fundos podemos começar por ver a distribuição do FEDER (Figura IV, cfr. valores no Quadro A-4).

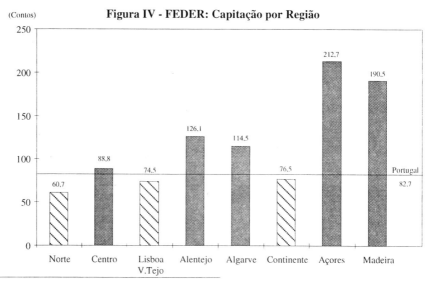

(75) Em termos de custos, embora por um lado a dimensão dos distritos do Alentejo encareça no sul determinadas infraestruturas (v.g. são necessários mais quilómetros de estradas), por outro a topografia dos terrenos e a dispersão do povoamento encareçam muito as obras do 'norte'.
Um grande projecto agora retomado, a barragem do Alqueva, virá proporcionar um valor muito mais elevado à Região do Alentejo, com o PIB mais baixo do continente português. Veremos contudo se se tratará da resposta adequada aos seus problemas, em especial aos graves problemas da perda de população e do desemprego, depois da conclusão das obras (recorde-se o que dissemos há pouco, em 4.6. sobre a dinamização das pequenas e médias empresas).

(76) Infelizmente a esmagadora maioria dos estudos sobre os efeitos dos fundos estruturais em Portugal não tem tido a mínima preocupação de cuidar dos seus efeitos espaciais, não se justificando por isso que lhes façamos referência neste artigo (assim aconteceu com quase todos os

Verificou-se uma repartição que de um modo geral teve capitações maiores nas regiões com mais baixos PIB's *per capita* (recorde-se o Quadro III) [77].

Num nível mais desagregado, com a preocupação designadamente de distinguir o que se passou no litoral e no interior do continente português, pode constatar-se que o maior desequilíbrio resultou da enorme capitação da área de Setúbal, com 182 contos (ver o Mapa VII, com as capitações dos Programas Operacionais, mostrando um maior equilíbrio na generalidade dos demais casos): como se referiu já atrás aconteceu assim em grande medida como consequência do projecto Ford-Volkswagen, atraído para aí com a inclusão da área no escalão mais favorecido de aplicação do SIBR (a par das áreas do interior).

Mapa VII - Capitações dos Programas Operacionais

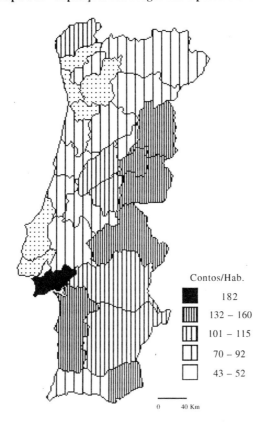

inseridos em Ministério do Planeamento e da Administração do Território, 1992, e com todos os inseridos no n° 5, de 1994, vol. XVIII, da revista *Economia*).
(77) Assim aconteceu designadamente com os Açores e a Madeira, que não estão nesse Quadro III mas têm dos PIB's mais baixos da União Europeia.

Este investimento, a par de factores gerais ligados à apresentação e à aprovação de projectos (recorde-se a nota 11), terá contribuido também em alguma medida (embora menor) para o enorme desequilíbrio inter-regional, sem paralelo, verificado na aplicação dos recursos do Fundo Social Europeu (Figura V, cfr. os valores no Quadro A-5)

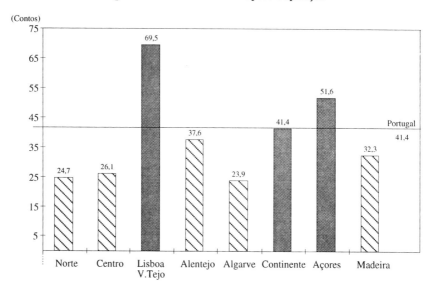

Figura V - Fundo Social Europeu. Capitação

Constata-se pois uma enorme concentração da aplicação das verbas na Região de Lisboa e Vale do Tejo, com uma capitação muito mais do que dupla das capitações das Regiões Norte, Centro e Algarve (neste caso quase tripla) [78]. Recordando de novo o Mapa IV verifica-se que há assim um grande afastamento em relação à actividade industrial do país, sendo fortemente criticável [79] que não se tenha verificado uma indispensável preocupação primordial pela promoção da nossa competitividade internacional (sendo o sector industrial o mais relevante a este propósito, no quadro da nossa economia).

---

(78) O apuramento das capitações por activos a exercer profissão mostraria as mesmas desigualdades; tendo nós preferido fazer o apuramento em relação a toda a população dado que o FSE pode beneficiar igualmente pessoas sem profissão

(79) Tal como acontece com a concentração da capacidade de apoio científico e tecnológico: recorde--se do final de 4.4.a.

Por fim, seria de esperar que as aplicações do FEOGA-Orientação estivessem em maior medida ligadas, não à população em geral, mas à população activa do sector e às condições da produção agrícola. Na Figura VI comparamo-las com as produções agrícolas actuais, considerando no Quadro A-6 também os valores relativos à população [80].

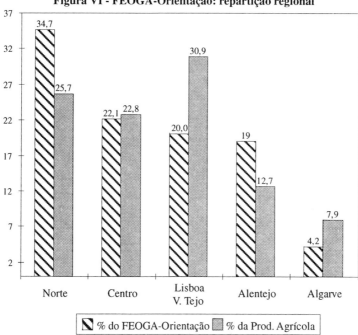

Figura VI - FEOGA-Orientação: repartição regional

Nota-se uma diferença sensível em relação às produções actuais, tendo sido por exemplo dirigidos para a Região Norte, com 25,7% da produção do continente, mais do que um terço das verbas (34,7%), e para o Alentejo, com 12,7% do produto, 19,0% dos recursos totais [81] (uma percentagem maior do FEOGA-Garantia, 33,5% do total, dadas as produções por ele cobertas). Pelo contrário, ficaram aquém da percentagem da produção as Regiões de Lisboa e Vale do Tejo e do Algarve.

---

(80) Não consideramos aqui os Açores e a Madeira, com características muito próprias que poderão explicar aliás o grande desequilíbrio verificado entre si: tendo os Açores tido um montante quadruplo da Madeira, com as capitações a reflectir também esta desproporção.

(81) Para esta maior diferença percentual terá contribuido a circunstância de os empresários agrícolas do Alentejo, com maior dimensão e por isso de um modo geral com melhor organização, terem uma capacidade superior para a apresentação de projectos; por outro lado há aqui condições de dimensão das explorações agrícolas mais favoráveis para a realização de determinados investimentos.

Para além das necessidades de apoio ao rendimento dos agricultores e de vitalização dos meios rurais, em termos do futuro haverá que dar um privilegiamento acrescido às produções que serão competitivas depois do afastamento da actual Política Comunitária de garantia de preços: assim acontecendo com produtos vários (dos florestais ao vinho, passando por muitos outros) para que têm vantagens relativas próprias as diferentes regiões do nosso país.

Para concluir, com as reservas vistas em relação a cada caso podemos ver na Figura VII (cfr. os valores no Quadro A-7) a distribuição da totalidade dos fundos:

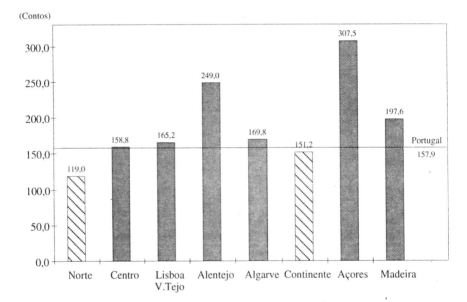

Figura VII - Fundos estruturais. Capitação

Nota-se alguma preocupação de equilíbrio, com as capitações mais elevadas em regiões com PIB's *per capita* mais baixo: os Açores, a Madeira e o Alentejo. No continente nota-se contudo que a Região Centro, que se lhes segue como região menos favorecida, teve fundos em menor medida (*per capita*) do que a Região do Algarve e do que a Região de Lisboa e Vale do Tejo. Esta acabou aliás por ficar com uma capitação elevada, acima das médias do continente e do país, apesar de ter um PIB *per capita* muito acima da média nacional (mais do que duplo do Alentejo e quase duplo da Região Centro, já com 82% da média comunitária, como se viu na Figura III e no Quadro A-2). Por fim a Região Norte, tendo o segundo PIB *per capita* (54%) mas de qualquer modo muito abaixo da média (60%), tem uma afectação de fundos também muito abaixo da média do país.

b) O II Quadro Comunitário de Apoio (1994-99)

Para concluir podemos ver se no Segundo Quadro Comunitário de Apoio, agora em aplicação (1994-99), se confirmará ou alterará a situação que acabámos de analisar (Figura VIII, cfr. os valores no Quadro A-8).

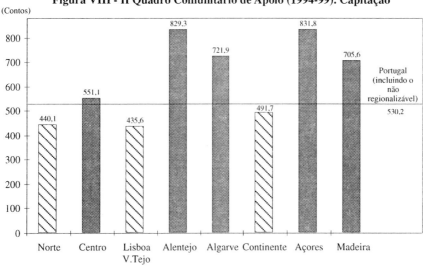

Figura VIII - II Quadro Comunitário de Apoio (1994-99). Capitação

No continente depois da Região do Alentejo, actualmente com o PIB *per capita* mais baixo (36%), será a Região do Algarve, com o terceiro PIB *per capita* mais elevado (52%, pouco abaixo da Região Norte), a segunda região com a capitação maior dos fundos estruturais; ambas com valores próximos dos das regiões autónomas. A estas quatro seguir-se-á, sensivelmente mais abaixo, a segunda região mais desfavorecida, a Região Centro, e por fim as Regiões Norte e de Lisboa e Vale do Tejo.

Será de perguntar se as diferenças nos volumes atribuidos a estas três últimas regiões, relativamente pequenas (com uma amplitude de 26,1%) serão de molde a compensar os desequilíbrios existentes entre elas. A resposta não pode deixar de ser negativa face aos desequilíbrios existentes, quase de 1 para 2, tendo a Região Centro 42% e a Região de Lisboa e Vale do Tejo 82% da média da União Europeia.

Estamos assim na última bem acima dos 75% que marcam o limite máximo para a consideração de uma região no objectivo 1. Tendo todavia o Governo português conseguido manter todo o país neste objectivo julgamos que deveria ter havido a preocupação de afectar um volume maior de fundos às regiões que estão num nível muito mais baixo.

Mais concretamente, no continente tanto a Região Centro como a Região do Alentejo deveriam ter merecido uma atenção prioritária no II Quadro Comunitário de Apoio, que a primeira não mereceu, sendo regiões com PIB's *per capita* acentuadamente abaixo da média continental, só elas não tendo recuperado em relação à média europeia e só elas tendo perdido população entre os dois últimos censos, em grande medida como consequência dos efeitos da polarização de Lisboa e do Porto. Sintomaticamente, tendo tido ao longo dos anos taxas de desemprego relativamente baixas, nos últimos dados estatísticos (de Março de 1996) a Região Centro aparece já a par do Alentejo com a taxa maior de agravamento.

Com especial relevo terá de ter-se presente que para a acentuação dos desequilíbrios, mais do que os quantitativos investidos, têm sido e continuarão a ser determinantes as características das acções apoiadas: sendo indispensável localizar a nível regional acções polarizadoras (do apoio científico e tecnológico ao apoio bancário), indispensáveis num processo sustentado de desenvolvimento (conseguindo-se por outro lado com este tipo de acções uma racionalização maior de todos os investimentos feitos).

Ora, é por exemplo notório o desequilíbrio nas verbas para a Ciência e Tecnologia previstas no II Quadro Comunitário de Apoio [82], conforme pode ver-se na Figura IX (cfr. os valores no Quadro A-9).

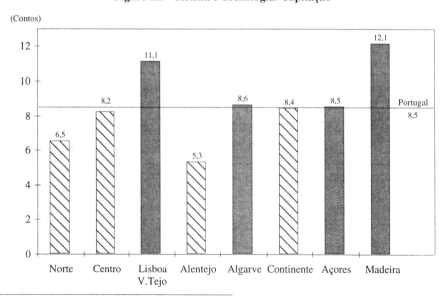

Figura IX - Ciência e Tecnologia. Capitação

---

(82) Continuando por outro lado a não haver iniciativas bancárias a nível regional.

Não pode deixar de criticar-se muito negativamente a diferença entre as capitações na Região de Lisboa e Vale do Tejo e nas demais do continente, absorvendo a primeira 46,1% dos recursos (43,3% dos recursos do país), sendo de sublinhar e saudar a capitação da Madeira, a mais alta do país [83], e as capitações dos Açores e do Algarve, próximas ou mesmo acima da média nacional. A concentração da capacidade de apoio científico e tecnológico na Região de Lisboa e do Vale do Tejo, aqui na área metropolitana, virá reforçar a situação inconveniente referida no final do 4.4.a, acentuando-se o afastamento dos apoios relativamente a grande parte das necessidades da indústria portuguesa.

Em relação a um (outro) caso sensível de desequilíbrio no I Quadro Comunitário de Apoio, o da aplicação do Fundo Social Europeu, é de notar alguma melhoria (ver a Figura X e cfr. os valores no Quadro A-10, com dados da Educação, Formação Profissional e Emprego [84]; não se dispondo destes dados para os Açores e a Madeira)[85].

Embora longe da desproporção do I Quadro Comunitário de Apoio será de notar que a segunda e a terceira maiores capitações (sendo a primeira a do Alentejo) vão para as Regiões do Algarve e do Norte, respectivamente com o terceiro e o segundo PIB *per capita* mais elevados do país; vindo depois as Regiões Centro e de Lisboa e Vale do Tejo, com níveis mais baixos e muito próximos entre si, não obstante ser quase de 1 para 2 a desproporção entre os seus PIB's por habitante [86].

---

(83) Como consequência da planeada instalação de um observatório astronómico internacional que todavia não foi iniciada e está agora em dúvida...

(84) Algumas destas acções têm também o contributo do FEDER, intervindo aliás igualmente em conjugação em acções das outras três Prioridades do Plano de Desenvolvmento Regional (ver o Quadro 4 do PDR); não havendo todavia aqui (novos) desequilíbrios a justificar uma menção especial.

(85) Houve por outro lado uma opção, com a qual poderá concordar-se ou não, no sentido de ser afectada a este fundo uma percentagem menor do total, fundamentalmente em benefício do Fundo de Coesão.

Quadro III

	I QCA	II QCA
FEDER	53%	53%
FSE	26%	19%
FEOGA-Orientação	16%	12%
Linha PEDIP	5%	–
IFOP (pescas)	–	1%
Fundo de Coesão	–	15%

Assume assim um relevo importante o Fundo de Coesão, com a perda dos pesos relativos do FSE e o FEOGA.

(86) Será de referir ainda que as acções que temos vindo a considerar, da Prioridade nº 1, têm uma percentagem de não regionalização maior (5,8% do total) do que as demais prioridades do Plano de Desenvolvimento Regional (sendo ainda maior a não regionalização da Asssistência Técnica).

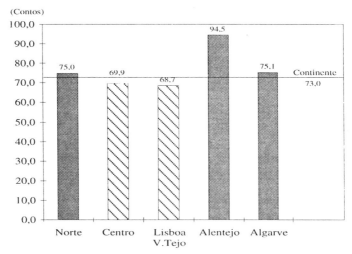

Figura X - Formação profissional e emprego. Capitação

Numa apreciação sectorial fere-nos muito especialmente a atenção o n. 2.3.16, sobre a Renovação Urbana (pp. 59-60), com reflexos na programação financeira do Quadro 2 do PDR. Depois de se afirmar que "algumas cidades de menor dimensão proporcionam uma qualidade de vida indiscutível" sublinha-se que "os problemas não faltam em Lisboa e no Porto, onde existem vários bairros de lata, nos quais a precariedade do alojamento e a ausência de infraestruturas de base favorecem as tensões sociais e a marginalização dos habitantes; noutras zonas, os alojamentos sociais de qualidade medíocre, construídos nos anos 60 e 70, deterioraram-se e reclamam obras de renovação" (Plano de Desenvolvimento Regional, 1994, pp. 59-60).

Dá-se assim a ideia de que só aqui há problemas, parecendo desconhecer-se que também os há em outras cidades, sem dúvida com menor dimensão. Mas estando em causa igualmente cidadãos do nosso país deveriam merecer atenção exactamente na medida desta dimensão (recorde-se o que dissemos em 4.3.a sobre o programa de eliminação das barracas)[87].

É nesta lógica que depois, na repartição financeira, vemos afectar a integralidade das verbas (caso único no Quadro Comunitário de Apoio) às Regiões de Lisboa e Vale do Tejo e do Norte, 79,5 milhões de contos à primeira e 15,9 milhões à

---

(87) Não pode além disso deixar de considerar-se desproporcionado que entre os seis parágrafos deste número a EXPO/98 seja sublinhada em dois deles, só a seu propósito sendo dados elementos quantificados sobre a área a beneficiar. O conhecimento do país mostra-nos contudo que infelizmente os problemas de renovação urbana em Portugal estão muito para lá da EXPO, mesmo em Lisboa e Porto há situações bem mais graves a exigir uma atenção muito maior (v.g. em bairros antigos e muito populosos, com delicados problemas humanos e sociais a resolver).

segunda (rubrica n. 3.1.2.): numa discriminação em relação ao 'resto' do país que não podemos deixar de considerar especialmente chocante, com verbas que, a título de exemplo, são quase metade das verbas totais destinadas à Saúde e Integração Social (rubrica n. 3.2) e mais, só em Lisboa, do que o total do Programa de Reestruturação da Indústria Têxtil Portuguesa (um programa inequivocamente importante para a competitividade da nossa economia que justificaria verbas mais avultadas).

5. Conclusões

Não podem deixar de ser de grande preocupação as conclusões deste artigo, com a acentuação da concentração nas áreas metropolitanas e o agravamento do atraso relativo de outras áreas, com valores muito baixos do PIB *per capita* e a fuga constante da sua população. Trata-se de desequilíbrio que será cada vez mais difícil de contrariar com os efeitos cumulativos a que já se chegou, em especial com a perda de uma força política regional capaz de encaminhar as coisas num sentido desejável (e devendo agravar-se, paradoxalmente, se vierem a ser criadas regiões de dimensão insuficiente, abrindo caminho para que sejam ainda maiores as polarizações de Lisboa, do Porto e mesmo de Espanha).

Para além do juízo negativo que tem de fazer-se nos planos social e político não pode deixar de preocupar-nos a perda de eficiência assim verificada, com os custos agravados das grandes concentrações e a falta de aproveitamento de todas as oportunidades oferecidas pelo nosso país.

Trata-se de preocupação a que temos que estar cada vez mais atentos, face aos compromissos de abertura que assumimos internacionalmente. Estando fora de causa voltar a proteger as nossas fronteiras, com o que acabaríamos por ter mais prejuízos do que benefícios, é decisivo que nos anos que faltam até ao fim do século nos preparemos para conseguir o aproveitamento mais racional possível de todos os recursos de que dispomos.

Para tanto, se outros argumentos não nos convencem, será bom ter presente a experiência que é proporcionada pelos demais países da União Europeia, sendo maior a competitividade conseguida nos que têm um aproveitamento mais equilibrado do seu território. Há razões acrescidas para que assim aconteça em Portugal, face à impossibilidade de evitar os custos especialmente gravosos das concentrações de Lisboa e do Porto, dadas as suas características e a sua implantação, por um lado, e por outro lado dadas as circunstâncias especialmente favoráveis oferecidas pelas outras áreas do país, tanto no litoral como no interior. Trata-se contudo de circunstâncias que só serão devidamente aproveitadas se, ao contrário do que infelizmente se anuncia, puderem vir a ser promovidas complementarmente em regiões horizontais devidamente dimensionadas.

Nestas condições não estará sequer em causa dispender mais recursos financeiros, numa época em que são tão escassos. Pelo contrário, a concentração que está a afectar-nos é o resultado de políticas caríssimas, que poderão ficar aliviadas, ou apenas consequência de legislação e critérios de excepção que reforçam um centralismo que a todos prejudica, não se justificando que as regiões a criar venham a provocar aumentos de encargos (tal não acontecerá se forem em pequeno número e ficarem a dispôr das infraestruturas de apoio de que dispomos já a nível regional).

Esperemos que não seja necessário esperar por que todos, mesmo os que vivem nas áreas agora mais favorecidas, sintam os inconvenientes do caminho que tem vindo a ser seguido para, no interesse geral, construirmos um país mais justo e mais competitivo, capaz de responder aos desafios do futuro.

Bibliografia citada

AMARAL, Diogo Freitas do (1994) - *Ordenamento do Território, Urbanismo e Ambiente: Objecto, Autonomia e Distinções*, em *Revista Jurídica do Urbanismo e do Ambiente*, n. 1, Junho, pp. 11-22.

ANTONELLI, C. et al. (1988) - *Le Politiche di Sviluppo Local. Nuove Imprese, Innovazione e Servizi alla Produzione per uno Sviluppo Endogeno*, Franco Angeli, Milão.

ANTUNES, António e GASPAR, Vitor (1986) - *Política Económica e Descentralização Administrativa: Algumas Considerações*, em Comissão de Coordenação da Região Centro (e OCDE) *O Financiamento do Desenvolvimento Regional e Local*, Coimbra, pp. 47-60.

ARMSTRONG, Harvey W. (1994) - *EC Regional Policy*, em Ali M. El-Agraa ed. *The Economics of the European Community*, 4ª ed. Harvester Wheatsheaf, Nova Iorque, pp. 349-75.

ARMSTRONG, Harvey e TAYLOR, Jim (1977) - *Regional Economic Policy and its Analysis*, Oxford Economic Press, Oxford.

ARMSTRONG, Harvey, TAYLOR, Jim e WILLIAMS, Allan (1994) - *Regional Policy*, em Mike J. Artis e Norman Lee ed. *The Economics of the European Union. Policy and Analysis*, Oxford University Press, Oxford, pp. 172-201.

BECATTINI, G. (1990) - *As Pequenas e Médias Empresas e os Distritos Industriais no Desenvolvimento Italiano Recente*, em Comissão de Coordenação da Região Centro, *Industrialização em Meios Rurais e Competitividade Internacional*, Coimbra, pp. 11-23.

BECATTINI, G. (1994) - *O Distrito Marshalliano. Uma Noção Socioeconómica,* em Georges Benko e Allain Lipietz ed. *As Regiões Ganhadoras. Distritos e Redes: Os Novos Paradigmas da Geografia Económica,* Celta Editora (trad. das PUF, 1992), pp.19.

BENKO, Georges e LIPIETZ, Alain (1994) - *O Novo Debate Regional. Posições em Confronto,* em Georges Benko e Alain Lipietz ed. *As Regiões Ganhadoras. Distritos e Redes: Os Novos Paradigmas da Geografia Económica,* Celta Editora, Lisboa 1994 (trad. das PUF, 1992), pp. 3-15.

CAMAGNI, Roberto (1993) - *Organisation Economique et Réseaux de Villes,* em Allan Galley ed. *Les Villes, Lieux d'Europe,* Datar-Éditions de l'Aube, Paris, pp. 107-28.

CAMAGNI, Roberto e CAPPELIN, R. (1985) - *Cambiante Strutturale e Dinamica della Produttivita nelle Regioni Europee,* Franco Angeli, Milão.

COMISSÃO DE COORDENAÇÃO DA REGIÃO CENTRO (CCRC) (1990) - *Industrialização em Meios Rurais e Competitividade Internacional,* Coimbra.

COMISSÃO DE COORDENAÇÃO DA REGIÃO CENTRO (CCRC) (1995) - *As Cidades Médias e o Ordenamento do Território,* Coimbra.

COMISSÃO EUROPEIA (1994) - *The European Transport Network,* Bruxelas e Luxemburgo.

COMISSÃO EUROPEIA (1995) - *Cohesion and the Development Challenge Facing the Lagging Regions,* Regional Development Studies, Bruxelas e Luxemburgo.

CORREIA, Fernando Alves (1989) - *O Plano Urbanístico e o Princípio da Igualdade,* Almedina, Coimbra.

DENTON, G. e O'CLEIREACAIN, S. (1972) - *Subsidy Issues in Industrial Commerce,* Londres.

DERYCKE, Pierre H. (1993) - *Théories des Reseaux de Villes,* em Allain Sallez ed. *Les Villes, Lieux d'Europe,* Datar - Éditions de l'Aube, Paris, pp. 95-122.

FRIEDMANN, John (1973) - *Urbanization, Planning and National Development,* Beverly Hills.

GAROFOLI, G. (1988) - *Industrial Districts: Structure and Transformation,* comunicação apresentada no Seminário *Depressed Regions in the Mediterranean European Countries and Endogenous Development,* Sicilia, Junho.

GAROFOLI, G. (1994) - *Os Sistemas de Pequena Empresas,* em Georges Benko e Alain Lipietz ed. *As Regiões Ganhadoras. Distritos e Redes: Os Novos Paradigmas da Geografia Económica,* Celta Editora, Oeiras (trad. das PUF, 1992), pp. 33-47.

GASPAR, Jorge e PORTO, Manuel (1985) - *Telecomunicações e Desenvolvimento Regional em Portugal,* em *Revista da Administração Pública,* Secretaria de Estado da Administração Pública, Lisboa.

GAUDIN, Jean Pierre (1993) - *Les Nouvelles Politiques Urbaines,* Presses Universitaires de France. Que sais-je? Paris.

GODDARD, J. B. e GILLESPIE, A.E. (1990) - *Advanced Telecomunicatons and Regional Economic Development,* em *The Geografical Journal,* vol. 152, n. 3, pp. 383-97.

HARRIS, John R. e TODARO, Michael P. (1970) - *Migration, Unemployment and Development: A Two-Sector Analysis*, em *The American Economic Review*, vol. LX, 1970, pp. 126-42.

INE (Instituto Nacional de Estatísticas) (1995a) - *Estudo sobre o Poder de Compra Concelhio*, Gabinete de Estudos Regionais da Direcção Regional do Centro, Coimbra.

INE (Instituto Nacional de Estatísticas) (1995b) - *Principais Indicadores sobre a Situação Socioeconómia em Portugal*, Departamento de Prospectivas e Planeamento, Lisboa.

JACINTO, Rui (1993) - *As Regiões Portuguesas, a Política Regional e a Reestruturação do Território*, em *Cadernos de Geografia*, Instituto de Estudos Geográficos da Faculdade Letras de Coimbra, pp. 25-39.

LAVIN, B. ed. (1993) - *Trading in a New World Order. The Impact of Telecomunications and Data Services on International Trade in Services*, Westview Press, Boulder.

LEYGUES, Jean Charles (1994) - *Les Politiques Internes de l'Union Européenne*, Librairie Générale de Droit et Jurisprudence, Paris.

MARQUES, Alfredo (1993) - *Incentivos Regionais e Coesão. Alcance e Limites da Acção Comunitário*, em *Notas Económicas*, n° 1, Abril de 1993.

MARTIN, R. (1992) - *Reviving the Economic Case for Regional Policy*, em M. Hart e R. Harrison ed. *Spatial Policy in a Divided Nation*, Jessica Kingsley, Londres, pp. 270-90.

MINISTERIO DO PLANEAMENTO E DA ADMINISTRAÇÃO DO TERRITÓRIO (Secretaria de Estado da Administração Local e do Ordenamento do Território) (1995) - Ciclo de Colóquios *A Política Urbana e o Ordenamento do Território*, Lisboa.

MINISTERIO DO PLANEAMENTO E DA ADMINISTRAÇÃO DO TERRITÓRIO (1992) - *Fundos Estruturais – Que Futuro*, Lisboa.

MONOD, Jerôme e CASTELBAJAC, Philippe de (1994) - *L'Aménagement du Territoire*, Presses Universitaires de France, Que sais-je? 8ª ed., Paris.

MUSGRAVE, Richard e MUSGRAVE, Peggy B. (1989) - *Public Finance in Theory and Practice*, McGraw-Hill, 5ª ed., Nova Iorque.

OLIVEIRA, Luís Valente de (1992) - *Desenvolvimento e Administração do Território (Discursos)*, VII, Ministério do Planeamento e da Administração do Território, Lisboa.

OLIVEIRA, Luís Valente de (1996) - *Regionalização*, Asa, Porto.

PARLAMENTO EUROPEU (1996) - *The Regional Impact of Community Policies*, estudo de Roger Tym & Partners, Londres.

PLANO DE DESENVOLVIMENTO REGIONAL (PDR) (1994) - *Preparar Portugal para o Séc. XXI* (*Quadro Comunitário de Apoio - Plano de Desenvolvimento Regional*) Ministério do Planeamento e da Administração do Território, Lisboa.

PORTO, Manuel (1980) - *Migration, Remittances and Development of Peripheral Regions*, Estrasburgo, Conselho da Europa (policopiado).

PORTO, Manuel (1982) - *As Regiões: Funções e Articulação com outros Níveis da Administração*, em *Desenvolvimento Regional*, Boletim da Comissão de Coordenação da Região Centro, n° 14-15, pp. 13-29.

PORTO, Manuel (1985) - *Os Países da Península Ibérica e a Problemática Regional no Seio da CEE*, separata de *Economia*, revista da Faculdade de Ciências Humanas da Universidade Católica Portuguesa, Lisboa.

PORTO, Manuel (1988a) - *A Reforma Fiscal Portuguesa e a Tributação Local*, separata do número especial do Boletim da Faculdade de Direito *Estudos em Homenagem ao Prof. Doutor Eduardo Correia*, Coimbra.

PORTO, Manuel (1988b) - *As Empresas Públicas e o Desenvolvimento Regional em Portugal*, em *Planeamento e Administração*, Boletim da Comissão de Coordenação da Região de Lisboa e Vale do Tejo, n° 1, pp. 19-26.

PORTO, Manuel (1990) - *A Problemática do Défice dos Transportes Colectivos Urbanos de Passageiros. Apreciação e Sugestão de Soluções*, separata do *Boletim de Ciências Económicas* da Faculdade de Direito de Coimbra, vol. XXXIII.

PORTO, Manuel (1992) - *A Localização do Novo Aeroporto de Lisboa e a sua Articulação com os Demais Modos de Transporte,* Estudos para o Planeamento Regional e Urbano, n. 39, Centro de Estudos Geográficos da Universidade de Lisboa, INIC, Lisboa.

PORTO, Manuel (1993) - *A Integração Comunitária e o Desenvolvimento Regional em Portugal*, em *Estudos Autárquicos*, Boletim do Centro de Estudos e Formação Autárquica (CEFA), n. 1, pp. 13-40.

PORTO, Manuel (1995) - *As Portagens e os 'Paraísos Financeiros'*, em *Público*, 23.9.1995.

PORTO, Manuel (1996) - *A Abolição de Portagens. A Necessidade de uma Solução Nacional,* em *Expresso* (para publicação).

PORTO, Manuel, COSTA, Fernanda, JACINTO, Rui (1989) - *As Grandes Infraestruturas de Ligação Terrestre de Portugal aos Demais Países Comunitários (TGV e Auto--Estrada)*, em *Desenvolvimento Regional*, Boletim da Comissão de Coordenação da Região Centro, n. 28-29, Coimbra, pp. 9-51.

RELATORIO PORTER (1994) - Monitor Company, sob a direcção de Michael Porter, *Construir as Vantagens Competitivas de Portugal*, Forum para a Competitividade, Lisboa.

SILVA, Carlos Nunes da (1995) - *Poder Local e Território, Análise Geográfica das Políticas Municipais 1974-94*, dissertação de doutoramento na Faculdade de Letras, Universidade Clássica de Lisboa.

WINNICK, L. (1966) - *Essays in Urban and Land Economics*, UCLA, Los Angeles, pp. 273-83.

WINSTON, C. (1991) - *Efficient Transportation and Infraestructures Policy*, em *The Journal of Economic Perspective*, pp. 113-27.

WISE, Peter (1996) - *When the User Won't Pay*, em *Financial Times*, 26.3.1996.

QUADROS ANEXOS

1. Valores nacionais

Quadro A-1 - VAB *per capita* (DGDR)

	1981	1986	1990
Continente	100	100	100
Região Norte	85	87	87
Região Centro	75	77	77
Região Lisboa e Vale do Tejo	134	127	125
Região Alentejo	79	91	96
Região Algarve	88	99	105
Reg. Autónoma Açores	66	65	64
Reg. Autónoma Madeira	60	63	63

Quadro A-2 - PIB *per capita* (PPC) (INE)

	1980	1991
Continente	53	60
Região Norte	44	54
Região Centro	42	42
Região Lisboa e Vale do Tejo	69	82
Região Alentejo	49	36
Região Algarve	48	52
União Europeia	100	100

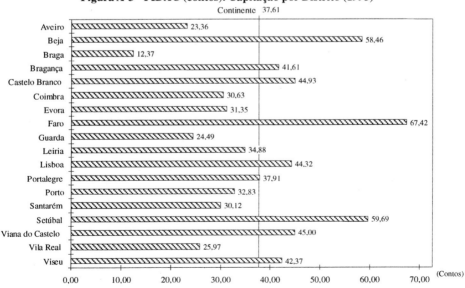

Figura A-3 - PIDAC (contos). Capitação por Distrito (1995)

2. I Quadro Comunitário de Apoio (1988-93)

Quadro A-4 - FEDER: Capitação por Região

Região	Montante (milhares de contos)	Capitação (contos)
Norte	210.757	60,7
Centro	152.895	88,8
Lisboa V. Tejo	245.355	74,5
Alentejo	68.507	126,1
Algarve	39.077	114,5
Continente	716.591	76,5
Açores	50.574	212,7
Madeira	48.283	190,5
Portugal	815.448	82,7

Quadro A-5 - Fundo Social Europeu

Região	Montante (milhares de contos)	Capitação (contos)
Norte	85.834	24,7
Centro	44.961	26,1
Lisboa V. Tejo	228.892	69,5
Alentejo	20.437	37,6
Algarve	8.175	23,9
Continente	388.299	41,4
Açores	12.262	51,6
Madeira	8.175	32,3
Portugal	408.736	41,4

Quadro A-6 - FEOGA-Orientação: repartição regional

Região	Montante (milh.contos)	Capit./hab. (contos)	Capit./activo % do total (contos)	% do total	Prod. agríc. % do total
Norte	83.522	24,1	63,7	34,7	25,7
Centro	53.150	30,9	87,6	22,1	22,8
LVT	48.088	14,6	137,9	20,0	30,9
Alentejo	45.557	83,8	217,4	19,0	12,7
Algarve	10.124	29,7	534,4	4,2	7,9
Continente	240.441	25,7	158,2	100,0	100,0

Quadro A-7 - Fundos estruturais (totais)

	Montante (milhares de contos)	Capitação (contos)
Norte	413.357	119,0
Centro	273.352	158,8
Lisboa V. Tejo	543.854	165,2
Alentejo	135.329	249,0
Algarve	57.955	169,8
Continente	1.423.827	151,2
Açores	73.126	307,5
Madeira	50.071	197,6
Portugal	1.556.942	157,9

3. II Quadro Comunitário de Apoio (1994-99)

Quadro A-8 - II Q.C.A. (1994-99) (valores totais)

	Montante (milhares de contos)	Capitação (contos)
Norte	1.528.475	440,1
Centro	948.674	551,1
Lisb.V.Tejo	1.434.000	435,6
Alentejo	450.661	829,3
Algarve	246.460	721,9
Continente	4.608.270	491,7
Açores	197.806	831,8
Madeira	178.806	705,6
Portugal *	5.228.926	530,2

* Incluindo o não regionalizável

Quadro A-9 - Ciência e Tecnologia

	Montante (milhares de contos)	Capitação (contos)
Norte	22.587	6,5
Centro	14.097	8,2
Lisboa V. Tejo	36.390	11,1
Alentejo	2.871	5,3
Algarve	2.950	8,6
Continente	78.895	8,4
Açores	2.033	8,5
Madeira	3.068	12,1
Portugal	83.996	8,5

Quadro A-10 - Formação profissional e emprego

	Montante (milhares de contos)	Capitação (contos)
Norte	250.516	75,0
Centro	120.290	69,9
Lisboa V. Tejo	226.265	68,7
Alentejo	51.366	94,5
Algarve	25.625	75,1
Continente	684.062	73,0